行之有效的谈话、倾听、行动技巧。

聪明人是怎样沟通的

苏墨 / 编著

吉林文史出版社
JILINWENSHICHUBANSHE

图书在版编目（CIP）数据

聪明人是怎样沟通的 / 苏墨编著 . -- 长春 : 吉林
文史出版社 , 2019.2（2021.12重印）

ISBN 978-7-5472-5862-0

Ⅰ . ①聪… Ⅱ . ①苏… Ⅲ . ①人际关系学—通俗读物
Ⅳ . ①C912.11-49

中国版本图书馆 CIP 数据核字（2019）第 021967 号

聪明人是怎样沟通的

出 版 人	张　强
编　著	苏　墨
责任编辑	弤　兰
封面设计	韩立强
出版发行	吉林文史出版社有限责任公司
地　址	长春市净月区福祉大路5788号出版大厦
印　刷	天津海德伟业印务有限公司
开　本	880mm×1230mm　1/32
印　张	6
字　数	120千
版　次	2019年2月第1版
印　次	2021年12月第3次印刷
书　号	978-7-5472-5862-0
定　价	32.00元

前 言

在这个信息高度发达的时代，沟通构成了社会生活的主要内容，也决定了个人生活与发展的空间。跟客户谈判时，客户心不在焉毫无耐心；给员工开会时，员工昏昏欲睡；要求朋友还钱时，朋友各种推托；让孩子少玩游戏时，孩子只当耳旁风……当你遇到以上情形时，是不是急得直跺脚，甚至有时感到力不从心？由于时代的变化，生活、工作速度不断加快，以往的沟通方式已经不能满足现代人的沟通需要，迅速而有效的沟通才是解决现下问题的良方。

沟通是一种技巧，更是一门艺术。在日常工作和生活中，聪明人会利用沟通术在事业上顺风顺水，在生活中随心如意，在人际交往中使自己成为最受欢迎的人。

但不是每个人都有能力准确地表达自己的情绪和情感。为什么聪明的人都会说话，与他人的沟通都会畅通无阻呢？因为他们在沟通时关注彼此情绪体验并选择有效对话内容，说出让人舒服、爱听的话，甚至建议、批评都让人乐于接受。他们会根据不同的人，不同的场合，看透对方的心理，根据对方的所思所想灵活变换话术，使沟通的效果更显著，为人处世更顺利。

1

前言

　　沟通的技巧不是玩弄手段，而是强调真诚、有效的沟通。其实，聪明人在沟通时主要把握了两项原则：明确沟通的目的，即希望通过沟通达到的效果和目标；让沟通始终在安全舒适的气氛中展开，即让对方毫无压力、真诚地和你展开沟通。

　　聪明人的沟通术，帮你告别说不出口、说不清楚、说不到重点、说了后悔的窘境。本书是一本解读社交场合如何进行有效的沟通，如何把刻板的话说得婉转动听，苍白的话说得活泼有力，批评的话说得巧妙绝伦，提高你的人际交往能力，轻松沟通，聪明做人。同时，本书还提供了许多行之有效的谈话、倾听、行动技巧，通过丰富、生动的案例，帮助你以较快的速度掌握这些沟通技巧。

目 录
CONTENTS

第三章　聪明人的八个沟通习惯

第四章　聪明人高效沟通必用的心理策略

第五章　聪明人的身体语言心理学

第六章　聪明人永远不会出局的沟通术

第七章　用聪明的方式沟通变化的世界

第一章

沟通不好
是因为智慧不够

用恰当的方式说恰当的话，做高情商的沟通者

在交际中，如果不注意说话方式，所用的说话方式不恰当，对方就会误解你的本意。当出现理解上的歧义时，就有可能造成不良后果，从而影响正常交际，违背表达者的初衷。

讽刺、挖苦是一种有强烈刺激作用的表达方式。它往往是以嘲笑的口吻说出对方的缺点、不足之处，使人当众丢丑，难以忍受，轻则导致对方反唇相讥，重则大打出手，造成很恶劣的后果。

某主任如此议论他的下属："黄×那个人这辈子算是白来了，堂堂大学毕业生，找不上一个老婆，姑娘们见面就摇头。他写的那个文章，就像小学生作文，前言不搭后语，字还没有蜘蛛爬得好。我要是他，早找根草绳上吊了……"

黄×后来听到这些议论，索性在工作时一字不写，利用业余时间写小说、写报告文学。

作为工作中的上级和情感上的朋友，看到下级及朋友身上存在缺点和不足，应该正面指出来，指导他、帮助他，促使他前进，而不应该取笑他。那些总是取笑别人的人往往缺乏自信心，

对前途有一种恐惧感，害怕别人看不起自己，因而借取笑别人来释放心中的压抑，试图改善自身的形象。岂不知，这样做恰恰破坏了自我形象，引起他人的反感与对立。

因此，讽刺、挖苦的表达方式绝不可轻易使用。那种粗俗谩骂的说话方式也应该予以摒弃。

说话要讲究文明礼貌，这是最起码的要求。口语交际中，说话粗俗不雅、满口脏话，甚至谩骂、恶语伤人等不文明谈吐，是对他人的侮辱，是令人难以忍受的。这种说话方式往往造成不愉快的结果，影响交际，破坏风尚。

比如，在交际中发生了矛盾。有人在气急的情况下，常常骂人，口吐脏话，如说："你这是胡说八道""你放屁""你是什么东西"。不管在什么情况下，这样的谩骂都是无礼的行为，都易激怒人。

还有一种情况，就是有的人说话爱带"话把儿"，比如"他妈的"等，而且形成了不良习惯，成了口头禅。在他们看来是无意的，可是别人听来就很刺耳，就难以容忍，极易做出强烈的反应。

从表达的语气语调来看，说话方式还有刚柔软硬之分。一般情况下，柔言谈吐，语气温和、用词恰当，如和风细雨，听来亲切，易于被人接受，产生好感。即便是在内容上有违对方的意思，也不至于当场把对方得罪。相反，刚烈之言，语气生硬、高声大嗓，如同斥责训教，听来刺耳，使人感到难受、反感，有时甚至说话的内容并无问题，但就因使用了这种刺激人的说话方式，仍然会使人生气、发火，得罪人。

对于一个不同意自己观点的辩论对手，如果说："你这个人不可理喻！"对方必然要做出强烈的反应。

当自己的意见不被对方理解时，就生气地说："和你说话，简直是对牛弹琴！"对方会感到是一种侮辱，与你对抗。

某人要外出，找人代买张车票，他硬邦邦地说："你给我带回一张车票，送到我家去，我要出差，听见了吗？"对方听了这口气，心里会痛快吗？他可能一句话就顶回来："对不起，我今天没有空儿。"

对一个在工作上信心不足的人，同事恨铁不成钢地说："你也太不像话了，人家能做到你为什么就做不到？你也太不争气了！"他马上会不满地接话说："你算老几呀？用你来教训我！"说完拂袖而去。

类似的生硬说法都会在不同程度上得罪人。

生硬话、愤怒话，大多是顺口而出的，没有经过推敲，因而有失分寸是很自然的事。这种语言又多是"言出怒出"，它如同烈火一般，常常起到破坏作用。

每个人都有很强的"自我意识"。在说服对方的过程中，为了不伤害对方的自尊心，就应尊重对方的"自我意识"。

很早以前就听说过，设计相同、质地相同的高级女服，价格越贵越容易销售。一家服饰店的老板讲了这样一件事：有一次，店中刚雇用不久的店员对一位正在挑选西装的顾客劝说道："这边是比较便宜的！"结果这位顾客突然大怒，当老板慌忙跑来之后，她又气势汹汹地说道："什么比较便宜？我又不是没钱，你太没礼貌了！"后来老板赶紧连声道歉才算了事。

这种情况不仅限于商业中，在我们与对方交流的过程中，常常因为没有考虑到对方的自尊心、虚荣心，使用了不慎重的态度或语言而导致失败。尤其是说服自尊心、虚荣心强的人时，这种情况便会成为必然。因此，说话就必须注意不伤害对方的自尊心、虚荣心，而应照顾到对方的强烈的"自我意识"，使他接受你的观点。

我们在交谈时常常会犯这样一个错误，就是当发现对方有明显的错误时，会不客气地批评对方说："那是错的，任何人都会认为那是错的！"这样一来，对方的自尊心会受到伤害，而突然陷入沉默。

批评是我们常要做的事，尤其当你是一位长辈或领导时。但我们有些人批评起来简直让他人无地自容，下不了台阶。其实，这种批评方式不但无法达到让他人改正错误的目的，而且有碍于你的人际关系。既然如此，为何还要使用这种"残酷"的手段呢？在生活和工作中，我们不可能没有批评，但要学会巧妙地批评，让他人既意识到自己的错误，并尽快改正，同时也理解你善意批评的意图，使他对你心存感激。或者批评之前先总结一下他人的优点，然后慢慢引入缺点。在他人尝到苦味之前，先让他吃点儿甜味，再尝这种苦味时就会好受些。

约翰找了一个就是奉承也无法说漂亮的女士为妻，可是几个月之后，他妻子却变得像"窈窕淑女"一般的美丽，简直是判若两人。

这位女士在结婚之前，不知为什么对自己的容貌有强烈的自卑感，因此很少打扮。当时因为是大战刚结束，物质极端贫乏，人们的穿着都很普通。当然，她也太不讲究了。不，不是不讲究，而是认识出现了偏差，认定自己不适合打扮。她有一个非常漂亮的姐姐，这也使她产生了强烈的自卑感。每当有人建议她"你的发型应该……"时，她都怒气冲冲地说："不用你管，反正我怎么打扮也不如姐姐漂亮。"她把自己的容貌未得到赞美的不满情绪转嫁到不打扮这一理由上，并且加以合理化。

到底约翰是怎样说服他的太太，使她发生变化的呢？根据他自己说，当他的太太穿不适合她的衣服时，他什么也不说，但是，当她穿上适合她的衣服时，他便夸奖说"真漂亮"；发型、饰物也是如此。慢慢地，她对打扮有了信心，对于容貌所产生的自卑感自然也消除得无影无踪了。

间接指出别人的不足，要比直接说出口来得温和，且不会引起别人反感。不管说话目的是什么，我们都应该采取委婉的方式，这样效果会好很多。

说话讲分寸，做人留余地

传说王安石的小儿子王元泽从小口齿伶俐，常常以惊人妙语博得四座叫绝。有一次，客人要考他，指着厅里的笼子问他，人家都说你聪明，告诉我，这笼子里关的两只兽，哪只是鹿，哪只是獐？王元泽从未见过这两种动物，便发挥"口才"，说道：獐旁边的是鹿，鹿旁边的是獐。果然博得满堂喝彩。

其实，王元泽在这里答非所问，算不得高明，充其量是要点儿小聪明而已。并非因为口才不好，而是他根本没有见过这两种动物，不肯承认无知，又卖口乖，可谓"说风"不正。

说话禁忌多，而常有人犯说假话、说大话、说空话、说套话的错误，对此我们不能掉以轻心。

1. 不说假话

我国人民历来赞颂说真话的美德，反对说假话。因此，《韩非子·外诸说左上》中关于曾子教子的故事，一直流传至今。曾子的妻子要去市集，孩子哭着也要跟去。曾子的妻子哄他说，你在家等着，等回来给你杀头猪吃。等妻子回来后，曾子为了让孩子相信母亲的诺言，把妻子开玩笑说的话付诸实施，将猪杀了，在孩子眼中维护了母亲诚实的形象。

曾子的妻子是有意骗孩子吗？恐怕未必。但起码可以说，她没有意识到这种哄孩子的教育方式有多么深的危害性。一次谎话可以使孩子从小沾染不必负责这种不良习气。曾子的行动虽近乎愚拙，也未必有效，但他坚持了最可贵的精神——不说假话。

在人际交往中，真实是赢得人缘、获得成功的保证。

原对外贸易经济合作部部长吴仪在一次记者招待会上曾遇到过一个很棘手的私人问题。记者问："请问吴仪部长，您为何至今还是独身一人？"对此部长是无可奉告，还是避实就虚含糊了事？人们揣测着可能出现的各种回答方式。然而，吴仪的回答大出众人意料，她既不回避也不闪烁其词。

她说："我不信奉独身主义。之所以单身，和年轻时的思想片面有关。一是受文学作品的影响，心里有一个标准的男子汉形象，而这种人现实生活中没有；二是总觉得应先立业后成家，而这个业又总觉得没有立起来。然后在山沟里一躲就是20年，接触范围有限，等走出山沟，年龄也大了，工作又忙，就算了吧。"

这一席坦率的回答使众人感到吃惊，同时也使众人大为感动。正是这种坦诚直率的大实话才使吴仪部长拉近了和大家的距离，也正是这种诚实的工作作风使她成为对外贸易谈判中令对方竖指称赞的女性。

一个不说真话的人事实上是不能与人沟通、交流的，即使在一段时间内可能获得某种交际效果，但最终还是要付出代价的。

然而，在现实生活中，说真话不是任何人在任何情况下都能办到的。特别是在交际环境不正常时更是如此。

有时，说话人受某种环境的制约，在进行言辞表达时，也可能在"真实"上打一些折扣。应当说，这是一种说话的策略，与我们所强调的真实性原则是有区别的。

2. 不说空话

吹肥皂泡是孩子喜爱的游戏，一个个大大小小的肥皂泡，在阳光下闪耀着五彩的光泽，随风飘荡，异常美丽，但升不了多高，就一个接一个破了。因此人们常常把说空话比作吹肥皂泡，实在是最恰当不过了。空话总是充塞着各种动听、虚幻而迷人的词句，却没有半点儿实在的内容，它迟早会被揭穿的。

有一次，列宁参加一个会，议题是讨论关于彼得格勒的工业恢复计划的问题。人民委员施略普尼柯夫做这一问题的报告时，用了许多美丽动听的词句，描绘出一幅十分诱人的前景。作完报告后，扬扬自得的施略普尼柯夫认为那些精彩的演说词必定会受到列宁的称赞。可是列宁却向他提了几个问题：目前在彼得格勒有哪家工厂生产钉子？产量多少？纺织厂的原料和燃料还能保证用多少天？这些简单的问题把做报告者问得张口结舌，只好老老实实承认没有下去看过。列宁批评说："谁需要你们那些大吹大擂毫无保障的计划？针线、犁、纺织品在哪里？你们如何为农村保证生产出这些东西？你不能回答这些问题，原因只有一个，就是实际的计划工作被你们用漂亮的言辞和废话代替了，这是欺骗。"

3. 不说大话

为了让人留下印象而夸大事实，常常反倒造成了负面印象，因为真相迟早都会被揭穿。

甲用暴发户的口气告诉乙："我把100元大钞往柜台上一扔，要店员把领带给我包好。"

乙听了禁不住想笑，因为当时他也在场，知道店家还找了甲30元，此君的说法非但有违事实，竟还大言不惭地说自己将钱扔在柜台上，对店员颐指气使，实在俗不可耐到了极点。

说话的态度正可显示我们的修养，客观说话正是品质的表现。

4. 不说套话

还有一种令人反感但又常听到的话就是套话，我们也要坚决杜绝。

长期以来，形式主义的恶习禁锢着一些人的头脑，他们惯于用一些现成的套话来代替自己的语言，用一些流行的名词代替自己的思想，三句不离口号，颠来倒去几个名词，既没有思想性，又没有艺术性。前些年，有人做报告一开口就是"国内形势一片大好"，然后就是社论式的语言，结尾又离不开"奋勇前进""争取胜利"之类的话，由于没有切实生动的内容，没有独特的语言，使人感到单调干瘪。

苏联的教育家加里宁曾讽刺过那些说套话的人，他说："什么叫作现成话呢？这就是说，你们的脑筋没有起作用，而只是舌头在起作用。说现成的套话不能使人产生印象。为什么呢？因为这话用不着你们说，大家也知道了。你们害怕若按照自己的意思来讲话，那就会讲得不漂亮，其实你们错了。"

总之，"四话"危害性很大，它们使人沉浸在一种夸夸其谈的恶劣氛围中，如果"四话"不除，很难锻炼出良好的口才。

发生冲突时切忌失去理智

人与人之间难免因某种原因产生摩擦，这时，如果把话说得过重，就会使矛盾激化，相反，如果压制自己的情绪，则会让事情平息下来。

日本一位得过直木奖的作家藤本义一先生，是位颇为知名的人。

一次，他的女儿超过了晚上时限 10 点钟，于 12 点方才带醉而归，开门的藤本夫人自是破口训斥了一顿，之后还说：

"总而言之，你还是得向父亲道个歉。"

顿时，她也清醒了不少，感到似乎大难就要临头了，于是便怯怯地走向父亲的卧房，面色凝重的父亲却只说了句："你这混蛋！"之后便愤然离去，留下了无言的女儿独自在黑暗中。

虽然只是一句话，但却深深刺痛了她的心，然而晚归之事，自此便不再发生。

　　为人父母者都有责备孩子的经验，多半也了解孩子可能有的反抗心，所以要他们反省是相当困难的。通常会以一句："你是怎么搞的，我已经说过多少次！"想让他们了解并且反省，此时他们若有反抗的举止，父母又会加一句："你这是什么态度！"然后说教更是没完。

　　如此愈是责骂，反抗心便愈是高涨，愈是希望他们反省，愈得不到效果，于是情况就会变得更糟，但藤本先生的这种做法，使他女儿的反抗心根本无从发泄，反而转变为反省的心。

　　因藤本夫人的一顿训斥，已足够引起女儿的反抗心，但藤本先生巧妙地将它压抑住，反而使女儿的内心感到十分歉疚，因为父亲的一句"混蛋"，实胜过许多无谓的责骂，她除了感激，实在无话可说。

　　压制自己的情绪，在遇到愤怒的事情时，切勿失去理智，口不择言。通常有些"过头话"是在感情激动时脱口而出的：人们为了战胜对手，往往夸大其词，着意渲染，"攻其一点，不及其余"，甚至使用污言秽语。如夫妻吵架时，丈夫在火头上说："我一辈子也不想见到你！"这话显然是气话、"过头话"，是感情冲动状态下的过激之言。事过之后，冷静下来，又会追悔莫及。钢刀砍在石头上，肯定会溅起火星，如果钢刀砍在棉花上，则软而无力。对方一定不会再强硬下去。

不把别人比下去，不被别人踩下去

每个人都难免有一些嫉妒心，你太优秀、太耀眼，难免刺伤别人的自尊和虚荣。想想看，当你将所有的目光和风光都抢尽了，却将挫败和压力留给别人，那么别人在你的光芒的压迫之下，还能够过得自在、舒坦吗？

有才却不善于隐匿的人，往往招来更多的嫉恨和磨难。唐人孔颖达，字仲达，八岁上学，每天背诵一千多字。长大后，很会写文章，也通晓天文历法。隋朝大业初年，举明经高第，授博士。隋炀帝曾召天下儒官，集合在洛阳，令朝中士与他们讨论儒学。孔颖达年纪最小，道理却说得最出色。那些年纪大、资深望高的儒者认为孔颖达超过他们是耻辱，便暗中刺杀他。孔颖达躲在杨志感家里才逃过这场灾难。到唐太宗，孔颖达多次上诉忠言，因此得到了国子司业的职位，又拜酒之职。太宗来到太学视察，命孔颖达讲经。太宗认为讲得好，下诏表彰他，后来他却辞官回家了。

南朝刘宋王僧虔，是东晋名士王导的孙子，宋文帝时官为太子庶子，武帝时为尚书令。年轻的时候，王僧虔就以擅长书法闻名。宋文帝看到他写在扇面上的字，赞叹道："不仅字超过了王献之，风度气质也超过了他。"当时，宋孝武帝想以书名闻天下，王僧虔便不敢显露自己的真迹。大明年间，他曾把字写得很差，因此平安无事。

要想使自己免遭嫉妒者的伤害，你需要注意自己的言行，尽量不要刺激对方的嫉妒心理。对于你周围的嫉妒者，可回避而不宜刺激。同事的嫉妒之心就像马蜂窝一样，一旦捅它一下，就会招来不必要的麻烦。既然嫉妒是一种不可理喻的低层次情绪，就没必要去计较你长我短、你是我非，更不必针锋相对，非弄个水落石出、青红皂白不可。须知，这不是学术讨论，更不是法庭对峙，你的对手不会用逻辑、情理或法律依据与你争锋的。

事实上，嫉妒之人本来就不是与你处在同一档次上，因而任何据理力争都会使你吃亏，浪费时间，虚掷精力，最佳的应对方式是胸怀坦荡、从容大度。对嫉妒者的种种雕虫小技，完全可以视若不见、充耳不闻，以更为出色的成绩来证实自己的实力。

看透但不点透：事情说得太白会伤和气

人非圣贤，有时难免会做一些不适当的事。在这种情况下，就要把握好指责他人的分寸，即使看破别人的心思也不要去点破。

在人际交往中，有的事不必弄得太明白，只要大家心知肚明就可以了。俗话说：看透别说透。事情说得太白，反而会伤和气，或显得太无聊。懂得此道理，在交际中自然游刃有余。

相反，那些事事追究到底，口无遮拦地说出心中所想的人，在很多时候往往会破坏原本融洽或是可能融洽的气氛。

在一次会议上，张教授遇见了一位文艺评论家。互通姓名后，张教授对这位文艺评论家说："久仰久仰，早就知道您对星宿很有研究，是位大名鼎鼎的天文学家。"评论家半天没有反应过来，以为是张教授搞错了，忙说："张教授，您可真会开玩笑，我是搞文艺评论的，并不研究什么天文现象。您是不是弄错了。"张教授正言答道："我怎么是跟您开玩笑呢。在您发表的文章里，我时常看到您不断发现了什么'舞台新星''歌坛之星''文坛明星'等众多的星宿，想来您一定是个非凡的天文学家。"弄得这位评论家尴尬不已，什么也没说，坐了一会儿就走了。

为人处世，虽须练就一双"火眼金睛"，同时也要看准说话时机，这样才能万无一失。像故事中的张教授自以为自己看得挺明白，于是就对人大加指责；说话时不考虑对方的感受，在处理事情时得到的结果也自然不同了。

谁都会有出错的时候，如果只是一味地泄私愤、横加批评、讲刺话，总是数落对方"你怎么这么笨""你怎么总是这样""你这样做太不应该了"等，是不太妥当的。

人非圣贤，有时难免会做一些不适当的事。在这种情况下，就要把握好指责他人的分寸，即使看破别人的心思也不要去点破。要保全别人的自尊。

因此，当某人行事真有问题时，在他内心有时会反省，觉得抱歉、恐慌、不知所措，此时如果你再批评指责他，那么他会因为你的谴责而羞愧难过，有的甚至从此一蹶不振，无法再树立自信。如果换种语气，换个方式，比如，"从今以后，你会做得比这次好"，或者"我想，下次你一定不会再犯这样的错误了"等诸如此类的话，对方不仅会感激你对他的信任，同时会感受到你的真诚，更重要的是有了改正错误的信心，对方在今后的工作、生活中，必定小心谨慎。

配合对方的精神状态，沟通效率倍增

要想建立与对方的亲善关系，配合对方的精神状态也是很重要的。要做到这一点，你必须能够注意到那个人的情绪状态和精力值。

在我们周围，有这样一类人，他们在午饭之前情绪都会有点儿低。他们早上到办公室和同事打过招呼后，就会一直坐在椅子上，浑身散发着"不要打扰我"的气息。直到午饭时间，他们才会真正地睁开眼睛，情绪才会好转。这并不是表示他们的工作状态不太好，而是说他们需要更长的时间才会展开社交活动。一般人的情绪状态都会处于不断的变化之中，但这类人就像慵懒的猫一样，情绪只会处于一种慵懒状态中，而且很少会表现出快节奏的肢体语言。

也许你正精力充沛、兴致勃勃，但是你的工作计划需要得到一个昏昏欲睡、性格内向的同事的支持与合作，这时候，你最好稍稍放慢脚步，不能一开始就试着让你们两个人都充满热情。如果你大叫一声，重重地拍一下同事的后背，把他吓得够呛，而且害得他把咖啡都洒了出来，那么你肯定会在要求与他合作时遭到拒绝。相反，如果你是那种行动迟缓、处处谨小慎微的人，而你恰好又需要与那些精力充沛、行动果断的人合作，那么你就必须想办法点燃自己的激情，否则很可能激怒你的合作者。

有生理学家指出，每90—120分钟，我们的身体会经历一个从精力充沛到精力衰竭的周期。在精力衰竭的时期，我们会觉得注意力分散、坐立不安、打瞌睡和感到饥饿。这个时候，我们的身体会需要一段时间来恢复。如果你恰恰在对方进入精力衰竭时，和对方说话或者求对方办事，那么你碰壁的可能性会大大提高。

你要记住，有时候你被对方拒绝，并不是因为你的创意不够好，而是因为你的情绪状态和精力值与对方不匹配。所以，如果知道对方在午饭过后更容易接受意见时，就要把会谈约在午饭后，尽量调整自己，使自己配合对方的感受，这样沟通的效率也会大大提高。

亲善，是一切交流的基础

亲善的意思是"建立或重建和谐友好的关系"，也就是说，我们可以通过建立亲善关系，创造一种相互信任、相互满意和相互合作的人际关系。

亲善是人们建立亲密私人关系的首要条件，同时也是一切交流的基础。如果你没有和对方建立亲善关系，那么，哪怕是让孩子把鞋放入鞋柜里这样简单的事也会举步维艰，因为对方根本不会听你的。

一个总统有了这种与他人建立亲善关系的能力，可以和世界其他国家搞好关系，可以使国家的政府要员团结在他的周围，将自己推行的政策执行好。

一个公司总裁有了很好的人际关系的能力，他可以有效地和其他公司的总裁打交道，来完成自己的目标；他可以有效地在公司内部建立起自己的威信，来完成公司的业绩。

一个销售人员如有很好的人际关系能力，可以将他的产品有效地销出去；一个办公室职员有了很好地与他人建立亲善关系的能力，他可以处理好与同事以及上司的关系，这对他的升迁以及职场发展是极为有利的。

一个老师有很好的人际关系能力，他可以和学生、和同事、和领导搞好关系，使他的教学更有效果，使他的同事喜欢他，领导也会更重用他。

正如唐太宗所说："水能载舟，亦能覆舟。"人在社会中生存，人际关系既能推动你走向成功，同时也能让你顷刻间一无所有。所以，我们一定要注重与他人建立亲善的关系，因为它是一切交流的基础，同时也是我们的人生发展能否顺利的重要因素之一。

沟通伊始，恰当地称呼他人很重要

沟通伊始，恰当地称呼别人十分重要，一个恰当的称呼可以叫到别人的心坎里，让别人更容易接受你。而不恰当的称呼则可能让别人的心里不舒服，进而影响接下来的交往。

在社交中，称呼是必不可少的。在职场交往中，人们对称呼是否恰当十分敏感。尤其是初次交往，称呼往往影响交际的效果。有时因称呼不当会使交往双方产生感情上的障碍。不同时代、不同国家、不同地区、不同社会集团之间都有不同的称呼，但也有共同的称呼，如，太太、小姐、女士、先生。因此，你必须懂得恰当地称呼别人，这样别人才会感到舒服，进而增进双方的感情。

有一位善于交际的朋友，在很多场合他都能结识很多新人。他是怎么做的呢？他对比自己小的年轻人总是很亲切地直呼其名，并以亲如兄长般的态度赢得小弟、小妹们的尊敬与喜爱。即使在他住院期间，他也能与医务人员打成一片。他曾说："与人交往中，首先要学会恰当地称呼别人，这样才能使人对你产生好印象。"

事实确实如此，就拿找人来说，你如果说："喂，总经理在哪里？"被问的人肯定不会理你。如果你礼貌地说："你好，请问王总去哪了？"他则会很高兴地告诉你。

此外，在交往中，称呼还要合乎常规，要照顾到被称呼者的个人习惯，同时，还要注意入乡随俗。而根据场合，又可以分为工作中的称呼和生活中的称呼两种，在具体实践中各有不同。

在日常生活中，称呼应当亲切、自然、准确、合理。

在工作岗位上，人们彼此之间的称呼是有其特殊性的，应当庄重、正式、规范。

在工作中，最常用的称呼方法就是以交往对象的职务相称，以强调其特殊身份及自己的敬意。比如："陈总（经理）""王处长"等。

对于具有职称者，尤其是具有高级、中级职称者，可以在工作中直接以其职称相称，如"侯教授""张工（程师）"等。而以头衔作为称呼，则能增加被称呼者的权威性，更加有助于增强现场的学术气氛，如"陈博士"等。

第二章

聪明人的
九个沟通技巧

有效倾听的技巧：做个倾听高手

在日常生活中，能聆听别人意见的人，必是一个富于思想，有缜密的思维和谦虚性格的人。这种人在人群中，起初也许不太引人注意，但最后则必是最受人敬重的。因为他虚心，所以受所有人欢迎；因为他善于思考，所以便为众人所敬仰。

怎么去做一位"听话"的高手呢?

首先是要"专注"。别人和你谈话的时候，你的眼睛要注视着他，无论他的地位和身份比你高或是低，你都必须这样做。只有虚浮、缺乏勇气或态度傲慢的人才不去正视别人。

其次，别人和你说话时，不可做一些与此无关的事情，这是不恭敬的表示，而且当他偶然问你一些问题，你就会因为不留心听他所说的话而无从回答了。

聆听别人的话时，偶尔插上一两句赞同的话是很好的，不完全明白时加上一个问号也是非常必要的，因为这正表示你对他的话留心了。

但是，你不可以把发言的机会抢过来，就滔滔不绝地说自己的，除非对方的话已告一段落，该轮到你说话时才可以这样做。

无论他人说什么，你不可随便纠正他的错误，如果因此而引起对方的反感，那你就不可能成为一个良好的听众了。批评或提出不同意见，也要讲究时机和态度，否则，好事会变成坏事。

有些人常喜欢把一件已经对你说过好几次的事情重复地说，也有些人会把一个说了好多次笑话的还当新鲜的东西。

你作为一位听众，此时要练习一次忍耐的美德了。你不能对他说"这话你已经说过多次了"，这样会伤害他的自尊心，你唯一能做的事是耐心地听下去，你心里明白他是一个记忆力不好的人。你应该同情他，而且他对你说话时充满了好感和诚意，你应该同样用诚意来接受他的诚意。

但如果说话的人滔滔不绝而你又毫无兴趣，觉得花时间和精力去应酬他是十分不值得的。这时，你应该用更好的方法，使他停止这乏味的话，但千万要注意，不可伤害他的自尊心。

最好的方法是巧妙地引他谈第二个话题，尤其是一些他内行而你又感兴趣的话题。

为了让自己更会"听话"，最好还要做好以下 5 个方面的训练：

（1）训练"听话"时的注意力。想听得准确，必须排除干扰。可以用这样的方法来训练：同时打开两台以上的收音机，播放不同内容，然后复述各个收音机播放的内容。

（2）训练"听话"时的理解力。可用这样的方法：找朋友闲聊，但要有意识地锻炼自己的理解力。

（3）训练"听话"时的记忆力。就是学会边听边归纳内容要点，记住关键性词语，以及重要的事实和数据。

（4）训练"听话"时的辨析力。即迅速分辨出争论各方的不同观点和逻辑关系，并加以评析。

（5）训练"听话"时的灵敏力。即能很好地在各种场合与各种对象交谈。经过足够的训练，再经过实际锻炼，你一定会成为一名"听话高手"。

幽默的技巧：把对方逗笑，就没有办不成的事

拥有好人缘，未必要比他人多付出多少艰辛。好人缘是在日常生活中通过各种方式不断沉淀和积累而来的，适当的幽默是让自己获得好人缘的有效手段之一。

幽默是人的天性，没有人不向往愉悦的生活。当遇到不如意时，会调侃的人更懂得如何调剂。当受到不公平待遇时，他们即使心情郁闷到极点，也会通过独有的幽默的语言给人传递出快乐的信息。这样的人乐天且幽默，对生活充满激情，浑身上下洋溢着一种能使人愉悦的气场。

在机关单位上班的老陈人缘极好，单位中无论是领导还是同事，只要提到老陈，没有人会说他不好。

老陈是个大胖子，行动不便，可是他从未因为胖而自卑。一

次，办公室的同事们趁午休的空当闲聊，说到了"胖"这个话题。性格开朗的老陈对同事们说："你们信不信，其实我是个极具亲和力的男人。当在公交车上让座时，我完全能够让两位老人或三位身材苗条的女士坐下。"老陈的一席话博得在座的同事哈哈大笑，这种轻松愉快的幽默表现出他非凡的亲和力。老陈的谈吐给同事们带来了轻松感，使交谈的氛围更加和谐融洽。

其实，适当的幽默不但能在日常社交中起着催化剂的作用，让你获得好人缘，还能帮你获得意想不到的收获呢！

紫欣是个性格挑剔而又感性的女孩，大学毕业后交过几个男朋友，结果都无疾而终，这令家人和朋友都很不理解。在众人的期盼之下，紫欣终于宣布了自己即将结婚的消息！

结婚那天，紫欣的好多亲友都来了，看着她幸福的样子，好朋友们禁不住问她："你丈夫到底有什么好，能让你义无反顾地选择了他？"因为朋友们都知道，紫欣的丈夫并不是众多追求者中的佼佼者，他既不是最帅的，也不是最有能力的，而紫欣却毅然地接受了他的求婚。紫欣嫣然一笑，说道："其实没有什么特别的，只是和他在一起我觉得很快乐，无论遇到什么情况，他都能用他那恰到好处的幽默来逗我笑！"

原来如此。新郎以幽默赢得美人的芳心。

幽默可以为我们带来正面效应，但我们不要就此认为只要是幽默都会收到理想的效果。适当的幽默的确可以为平淡的生活带来一份美意，一丝涟漪，让生活变得不无聊。但是，幽默千万不能过度，肆无忌惮的幽默会让别人觉得自己是在被人开涮，会让人产生误会，更别说获得对方的好感和认可了。

所以，要掌握好幽默的度。幽默要分时间、场合，最重要的是要注意幽默对象，说话要分轻重，这样才能避免不适当幽默而引发的不快。

提问的技巧：瞬间掌握他人心理的问话术

生活中，当我们与某人第一次见面时，不管有多想了解对方，一定不能忽视问话禁语的问题，要耐下心来慢慢诉说。

第一次见面，不管出于怎样的目的，总希望尽可能多地了解对方，一个又一个的问题就这样问了出来。殊不知，这样的问话方式会给对方造成不适之感，对方对你本就不熟悉，戒心会更重。最开始问话的一方往往觉察不到这种迹象，直到对方表现出明显的回避与提防的情形时，问话方才不得不就自己的问话作一番解释。于是疑云消散，双方的交谈才逐渐融洽。但是，如果在对话的最开始就先讲明自己询问某些事的原因，交流的效果会更好。

小超是动漫爱好者，最近又迷上飞机模型的制作，经人介绍认识了一个叫赵彦的模型高手，两人一见面就谈了起来。

小超："听说你是这方面的行家？"

赵彦："也不算吧，只是喜欢玩而已。"

小超："你做这个多少年了？听说这行里的有些人很神秘，之前都是专门设计飞机的？飞机的原理是不是很复杂？有没有什么有意思的事透露一下？"

听了小超的这几句话，赵彦的面部表情突然严峻了起来。

"你问这些干什么？我不知道。"

感到对方有明显的抵触心理，小超连忙说道：

"不好意思，我解释一下，我之所以问你飞机原理的事，是因为我最近在学着做飞机模型，我朋友没跟你说？"

赵彦摇摇头："他只说你想认识我一下，没说具体是什么原因。"

"噢，那就是我的不对了，我应该提前告诉你我那么问的原因的。除了飞机原理，我还想知道咱们国内制作飞机模型的整个状况，经费啊、材料源啊，等等，毕竟我刚接触这个，这方面的知识还非常缺乏，可以吗？"

"当然啊。你一解释我就明白了，不然一见面就问我飞机原理什么的，我感到很奇怪。"

"哈哈，我的错，我的错。"

小超就犯了只顾问而没有解释的错误。他的问题让对方疑虑重重，甚至因为问题的敏感而怀疑他。因为有这样的想法，对方的心就会关闭得更严，而交流自然无法畅通。在这个过程中，对方还是一副戒备心，没有把小超当真正的朋友，而小超那样问，也是没读懂对方的表现。

不熟悉的人相见，认知总需要一个过程，切不可因为想急切了解某些问题而忽视了思想"互通有无"的过程。简而言之，就是让对方对你跟他对话的目的有个大概的了解，让他心中有数，他才会对你的问题予以解答。

小超从一开始就问，到后来对问话予以解释，就是感觉到了对方内心的变化：由陌生到抵触，不解释对方可能更加防备，这样发展下去的后果很可能是不欢而散。小超热情四溢，对方却一直是冷状态。

所以，生活中，当我们与某人第一次见面时，不管有多想了解对方，一定不能忽视问话禁语的问题，要耐下心来慢慢诉说。尤其要注意的是，在一些需要解释的问题之前做出必要的解释，跟对方说明自己这样问的意图。这样才能让他最大限度地敞开心扉说出自己的想法，你也会更加了解这个人。

把控情绪的技巧：时机对了，怎么说不重要

在工作中，常常会看到这样的下属，他们从不主动和领导交谈，只是在领导安排工作时和领导说两句，这样的人虽然都能够很好地完成工作，但是他们可能并不受领导的重视。

下属在与领导沟通时，成为良好的倾听者是十分重要的，但是更重要的是学会在合适的时机说话，因为领导需要的不是自言自语，而是和人交流，他们想要听到下属的反馈和建议。

所以作为下属，我们除了要随时倾听领导的话之外，更要在领导需要时适时地说话，这样才能得到领导的信任。

安陵君是战国时期一个非常受楚王宠爱的大臣，他位高权重，享尽了荣华富贵，其他的大臣无不对他敬佩有加，对此安陵君感到十分的高兴，但是他的朋友江乙却觉得安陵君现在虽然享受着荣华富贵，但是这些都是楚王给予他的，所以安陵君必须巩固住自己在楚王心中的地位，否则要是有一天楚王不再宠爱他了，那么他就什么都没有了。于是江乙对安陵君说："您看，虽然现在您待遇优厚，国人都对您跪拜行礼，听从您的号令，但是这些都是楚王给您的，我们都知道酒肉朋友不可信，以色事人者不能长久。同样地，楚王总有不再宠爱您的时候，那时您要怎么办呢？"

听了江乙的话，安陵君也想到了自己的地位可能有所不保，于是他请教江乙该怎么办。江乙告诉他说：只要告诉大王您愿意和他同生共死就可以了。安陵君欣然接受了江乙的意见，但是过了三年的时间，安陵君并没有向楚王进言。江乙感到十分不高兴，他质问安陵君是不是不相信他说的话，安陵君解释说不是他不相信江乙，而是说话的时机还没有到。

就这样又过了一段时间，这一天楚王带着众大臣到云梦泽去打猎，其间一头野牛冲着楚王狂奔而来，结果被楚王一箭射死了，对于楚王精准的剑法，随侍的大臣和护卫们都齐声称赞，一时间整个云梦泽都掌声雷动。

楚王自己也十分高兴，他感叹地说："今天的游猎让我非常愉快啊，但是等到我死去后，谁还能和我一起享受像今天这样的快乐呢？"

群臣一时不知该如何应对，安陵君知道他说话的时机到来了，于是他痛哭流涕地来到楚王的面前说："大王一直厚待我，大王允许我和您坐在一起，和您乘坐同一辆马车，大王对我的恩惠太多了，等到大王去世之后，我愿意和大王一起奔赴黄泉，为大王鞍前马后在所不惜。"

听了安陵君的话，楚王感动不已，他立即封赏了安陵君，从此安陵君的地位再无人能撼动了。

世人在谈论这件事时都对江乙的才智大加赞赏，但是更加钦佩的是安陵君把握时机的能力。

孔子在《论语·季氏》里说："言未及之而言谓之躁，言及之而不言谓之隐，未见颜色而言谓之瞽。"这句话的意思是：不该说话的时候说了，叫作急躁；应该说话的时候却不说，叫作隐瞒；不看对方的脸色变化，贸然信口开河，叫作闭着眼睛瞎说。

这三种毛病都是没有把握说话的时机，没有注意说话的策略和技巧。因为说话是双方的交流，不是一个人的单方面行为，它要受到诸如说话对象、设定时间、周边环境等种种限制，所以说话要把握时机。如果该说的时候不说，时机转瞬即逝，很快便会失去成功的机会。同样地，如果不顾说话对象的心态，不注意周边的环境气氛，不到说话的火候却急于抢着说，很可能引起对方的误解甚至反感。如果信口开河，乱说一通，后果就更加严重。

作为下属除了具备才能，善于听领导的话之外，更要具有能够在适当的时机说话的能力。有些事情虽然我们想要和领导说，但是我们首先要做好和领导谈话的准备，把所有领导可能提出的问题都列出来，不要在和领导交谈时语意不明、表述不清或者逻辑混乱。

然后要了解领导的性格爱好，找到能够投其所好的说话方式，用自己真诚的态度去打动领导。

当时机成熟时，不要犹豫，一定要及时和领导沟通，不要错失良机。这时我们要记住，不要在领导面前夸夸其谈、弄虚作假。同时，当领导的观点和自己的想法相冲突时，不要正面和领导冲撞，要学会用委婉的方式表达自己的意愿，避免在交谈中得意忘形。

还要记得不要因为害怕承担责任而在和领导交谈时总是强调某些事情和自己无关，这会让领导觉得你是一个没有担当的人，这些言语会招来领导的反感和厌恶。

在工作中，我们不但要做到该听的时候听，还要做到该说的时候说，只有这样我们才能得到领导的信任，在事业上更上一层楼。

赞美的技巧：千言万语，不如给他点个"赞"

　　赞美对任何人来说都是必不可少的。心理学家威廉·詹姆士曾说过："人类本质中最殷切的要求就是渴望被肯定。"的确，当一个人应该得到赞美而得不到时就会心灰意冷、牢骚满腹，甚至从此自暴自弃。反之，当他听到别人对自己长处的赞美时，就会感到愉快，鼓起奋进的勇气。即使他现在还不够完美，只要你给他充分的、恰如其分的赞美和肯定，那么在不久的将来，你就会惊喜地发现，他已经成为你想让他成为的那类人了。

　　从心理学的角度来看，人们的行为受到动机的支配，而动机又是随着人们的心理需要而产生的。一旦人们渴望得到他人肯定的心理需要得到满足，便会成为使其积极向上的原动力。比如在训练运动员的过程中，如果教练员能够适时地对运动员所取得的训练成绩加以肯定，很多时候就可以促使运动员完成他一直无法完成的某一高难度动作或姿势。

　　赫洛定律是一种人际关系的需求理论，它强调满足对方的渴求，以此获得他人的认可与信任。就说话而言，我们与人交谈，从某种意义而言，就是一种探求对方需求的过程，通过这种过程，我们知晓对方的心理活动，由此确定下一步谈话的内容。根据赫洛定律，我们可以探求各种人对不同幽默的喜好，随之在谈话中多多运用对方喜欢的幽默段子，那么和谐而欢娱的气氛就油然而生。

喜欢被赞美是人的一种本性。古今中外无数人的言行都证明了这一点。

卡耐基小时候是一个公认的非常淘气的男孩。在他9岁的时候，父亲把继母娶进家门。当时他们是居住在弗吉尼亚州的乡下的贫苦人家，而继母则来自条件较好的家庭。他父亲向她介绍卡耐基时说："亲爱的，希望你注意这个本地最坏的男孩，他可让我头疼死了，说不定他会在明天早餐以前拿石头扔你，或者做出别的坏事，总之让你防不胜防。"

出乎卡耐基意料的是，继母微笑着走到他面前，托起他的头看看他，接着又看看丈夫，说："你错了，他不是本地最坏的男孩，而是最聪明的但还没有找到发挥他聪明才智的方式的男孩。"继母的话说得卡耐基心里热乎乎的，因为在继母到来之前，没有一个人称赞他聪明，他的眼泪几乎滚落下来。从此以后，他和继母建立起友谊，而这也成为激励他的一种动力，使他日后创造了成功的28项黄金法则，帮助千千万万的普通人走上了成功和致富的光明大道。

人性深处，所有人都渴望被赞美。因为赞美，我们可以获得更多前行的动力；因为赞赏，我们可以确认自己存在的价值。吉祥上师对这一人性特点曾做过精准的剖析，他认为："我们大多数人总是希望得到别人的赞美，却很吝啬对别人的赞美。当我们做了一点小事的时候，总是希望别人可以来表扬自己。这是很多人都在不断重复的思维怪圈。"上师提醒我们说："应该多赞美别人，想想当我们取得小小进步，或者做了一点小事，别人总是击掌称赞的时候；想想我们在获得赞扬时的兴奋与喜悦，我们就应该怀着感恩的心，时刻提醒自己，好好去为别人的努力鼓掌，无论成功或失败。"

没有人不会为真心诚意的赞赏所触动，领导也是如此。下属要善于抓住领导胜过别人的、最引以为豪的东西，并将其放在突出的位置进行赞美，这样往往能起到出乎意料的效果，达到和领导沟通的良性效果。对于这一点，历史上还有一个很经典的实例。

古时候，一个叫彭玉麟的官员，有一次路过一条狭窄的小巷。一个女子正在用竹竿晾晒衣服，一不小心竹竿掉了下来，正好打在他的头上。彭玉麟勃然大怒，指着女子破口大骂起来。那女子一看，认出是官员彭玉麟，不禁冷汗直冒。但她猛然间急中生智，便正色道："你这副腔调，像行伍里的人，这样蛮横无理。你可知彭宫保就在我们此地！他清廉正直，爱民如子，如果我去告诉他老人家，怕要砍了你的脑袋呢！"彭玉麟一听这女子夸赞自己，不禁喜气上升，而且又意识到自己的失态，马上心平气和地走了。

晒衣女面对彭玉麟的怒气，急中生智，采用美誉推崇的方式来遏止对方。她装作不知道对方是谁反而斥责对方蛮横无理，并且夸彭宫保清廉正直，说向其告状会治他的罪。这并非"当面"夸奖，却胜过当面夸奖，说得彭玉麟心里美滋滋的：自己在民间居然有这么好的吏治声誉，绝不应该为这些小事而损害形象。幡然醒悟之后，便转怒为笑，一场眼看要爆发的争吵就这样巧妙地化解了。

晒衣女的这一招的确高明，一顶恰到好处的"高帽"往往能浇灭对方的怒火，因为维护自己在别人心目中的好形象是每个人本能的选择，在一番赞美面前，谁还有心情去生气呢？

另外，对领导说的赞美话要切合实际，如果到领导家里，与其乱捧一场，不如赞美领导的房子布置得别出心裁，或欣赏壁上的一幅好画，或惊叹一个盆栽的精巧。若领导爱狗，你应该赞美他养的狗，领导养了许多金鱼，你应该谈那些鱼的美丽。赞美领导最在意的东西，最心爱的宠物，最费心血的设计，这比说上许多无谓的虚泛的客套话更受用。

清朝末年，著名学者俞樾在他的著作《一笑》中，讲过这样一个故事。

古代有一个京城的官吏，被调到外地任职。临行前，他去跟恩师辞别。恩师对他说："外地不比京城，在那儿做官很不容易，你应该谨慎行事。"

官吏说："没关系，现在的人都喜欢听好话，我已经准备了一百顶高帽子，见人就送他一顶，不至于有什么麻烦。"恩师一听这话，非常生气地对这位官吏说："我反复告诉过你，做人要正直，对人也该如此，你怎么能这样？"

官吏说："恩师息怒，我这也是没有办法的办法。要知道，天底下像您这样不喜欢戴高帽子的人能有几位呢？"官吏的话刚说完，恩师就得意地点了点头："你说得也有道理。"

从恩师家出来，官吏对他的朋友说："我准备的一百顶高帽子，现在仅剩九十九顶了！"

这个笑话说明谁都喜欢听赞美的话，就连那位自称"为人要正直"的老师也一样。所以，在拜访客户时，请不要忘记适度的赞美。

讨厌别人赞美自己的人少之又少。即使有，其内心的本意也未必尽然。因为人都有获得尊重的需要，而赞美，则会使人的这一需要得到极大的满足。所以，要想获得他人的好感，最有效的方法就是适度赞美他。

每个人都有很多优点和个人特色，如果赞美符合他人的实际情况，就会收到意想不到的效果，若只是凭空捏造、信口开河，则成了虚伪。假如你对我们的养护工人这样说："你真是一个成功人士，你有非凡的气质，你是一个伟大的人物"。那么你一定不会获得他人的好感。因为这句赞美的语言你用错了人，自然就显得虚伪。对我们的养护职工你可以用"吃苦耐劳，不偷奸耍滑，对工作敬业，能吃亏不怕脏，聪明朴实肯动脑筋"等语言给予肯定和赞美，这样的赞美才显得真诚。

赞美的语言人人爱听，这是人们的共同心理。恰如其分的赞美会让人精神愉悦，赢得他人的信任和好感。在许多场合，适时得当的赞美常常会产生神奇功效，美国前总统林肯曾经说过："人人都需要赞美，你我都不例外。"人人都渴望赞美，这是人们的共同愿望。领导对职工给予赞美，是对职工工作成绩的肯定，能鼓励职工充分发挥主观能动性和聪明才智，再接再厉地取得更大的成绩。朋友之间、同事之间给予赞美，能使彼此之间感情更融洽，友情更纯真。夫妻之间相互欣赏、赞美，可以增进恩爱、巩固婚姻。当父母的不失时机恰到好处地赞美儿女，既鼓励他们百尺竿头更进一步，又可增强家庭的凝聚力。一个笑容可掬，善于发现别人优点并给予赞美的人，肯定会受到别人的尊敬和喜爱。留意别人的长处，学会欣赏别人，赞美他人，这是一门为人处世的艺术。

批评的技巧：批评有套路，对事不对人

　　当批评别人的时候，对方可能会有下不来台的时候。这个时候如果能巧妙地给人台阶下，就可以为对方挽回面子，缓和紧张难堪的气氛，使事情能顺利进行。要达到这样的目的，就应该学会使用下列的技巧，在批评别人时给对方台阶下。

1. 给对方寻找一个善意的动机

装作不理解对方的尴尬举动，故意给对方找一个善意的行为动机，给对方铺一个台阶下。

有一位老师曾经讲过这样一个故事：

一天中午，他路过学校后操场时，发现前两天帮助搬运实验器材的几位同学正拿着一个实验室特有的凸透镜在阳光下做"聚焦"实验。当时那位老师就想：他们哪来的透镜？难道是在搬器材时趁人不备拿了一个？实验室正丢了一枚。是上去问个究竟还是视而不见绕道而去？为难之时，同学们发现了那位老师，从同学们慌张的神情中老师肯定了自己的判断。当时的空气就像凝固了似的，但是这位老师很快想出了一个妙方，他笑着说："哟，这透镜找到了！谢谢你们！昨天我到实验室准备实验，发现少了一个透镜，我想大概是搬器材过程中丢失了，我沿途找了好几遍都未能找到，谢谢你们帮我找到了这个透镜。这样吧，你们继续实验，下午还给我也不迟。"同学们轻松地点了点头，一场尴尬就这样被轻松解决了。

这位老师采用了故意曲解的方法，装作不懂学生的真实意图，反装作是他们帮助自己找到了透镜，将责怪化成了感激，自然令学生在摆脱尴尬的同时又羞愧不已。

2. 委"过"于不在现场的第三者

故意将对方的责任归于不在现场的他人，主动地为对方寻找遮掩不妥行为的方法。

一位女顾客在某商场为丈夫购买了一套西服，回家穿后，丈夫不大喜欢这种颜色。于是，她急忙将西服包好，干洗后拿到商场去退货。面对服务员，她说那件衣服绝对没穿过。

服务员检查衣服时，发现了衣服有干洗的痕迹。机敏的服务员并没有当场找出证据来拆穿她，因为服务员懂得一旦那样做，顾客会为了顾及自己的面子而死不承认的。这位服务员就为顾客找了一个台阶。她微笑着说："夫人，我想是不是您家的哪位搞错了，把衣服送到洗衣店去了？我自己前不久也发生过这类事，我把买的新衣服和其他衣服放在一起，结果我丈夫把新衣服送去洗了。我想，您是否也碰到了这种事情，因为这衣服确实有洗过的痕迹。"

这位女顾客知道自己错了，并且意识到服务员给了她台阶下，于是不好意思地拿起衣服，离开了商场。

3.将尴尬的事情严肃化

故意以严肃的态度面对对方的尴尬举动，消除其中的可笑意味，缓解对方的紧张心理。

第二次世界大战时，一位德高望重的英国将军举办了一场祝捷酒会。除上层人士之外，将军还特意邀请了一批作战勇敢的士兵，酒会自然是热烈而隆重。没料想，一位从乡下入伍的士兵不懂酒席上的一些规矩，捧着面前的一碗供洗手用的水喝了，顿时引来达官贵人、夫人小姐的一片讥笑声。那士兵一下子面红耳赤，无地自容。此时，将军慢慢地站起来，端着自己面前的那碗洗手水，面向全场贵宾，充满激情地说道："我提议，为我们这些英勇杀敌、拼死为国的士兵们干了这一碗。"言罢，一饮而尽，全场为之肃然，少顷，人人均仰脖而干。此时，士兵们已是泪流满面。

在这个故事里，将军为了帮助自己的士兵摆脱窘境，恢复酒会的气氛，采用了将可笑事件严肃化的办法，不但不讥笑士兵的尴尬举动，而且将该举动定性为向杀敌英雄致敬的严肃行为。乡下士兵不但将尴尬一扫而尽，而且获得了莫大的荣誉，成为在场的焦点人物。

暗示的技巧：给足面子，三言两语搞定他

在日常交际中，当需要批评或提醒他人而又不便直接向他提出时，便可考虑使用侧面暗示法，从而达到启示、提醒、劝阻、教育他人的目的。

会说话的人知道哪些话可以说，哪些话不可以说。他们懂得用委婉含蓄的话语不经意地暗示别人，在坚持自己原则的同时又不会令对方太过难堪。

有一次，小王家里来了客人，聊了几个小时后，这位客人还无意离去。

小王因还有其他事情要做，屡次暗示客人，但是那位客人却"执迷不悟"。小王无奈之中心生一计，对他说："我家的花开得正旺，我们到园子里去看看？"

客人欣然而起，于是小王陪他到花园里观赏花。看完后，小王趁机说："还去坐坐吗？"

客人看看天色，恍然大悟地说："不了，不了，我该回家了，要不就错过末班车了。"

小王没有直接说明自己有其他事情要做而是用不经意的话暗示对方，不仅没有让对方感到尴尬，而且也达到了自己的目的。

一天，几位青年人去拜访某教授。不知不觉已谈到深夜，教授接着其中一位青年人的话题说："你提的这个问题很值得研究，明天我去 A 城参加一个学术会，准备就这个问题找几位专家一块儿聊聊。"听完教授的话，几位青年立刻起身告辞："很抱歉，不知道您明天还要出差，耽误您休息了。"

如果遇上了一位不知情的客人，你让他走也不是，不走也不是，这可是件很让人尴尬的事情。这时，你不妨采取一些巧妙的暗示。诸如看看钟表，或者随意地问他忙否，然后再告诉他你最近都很忙。一般地，稍微敏感点的客人肯定就会起身告辞，但若是"执迷不悟"的客人于此无动于衷，我们就可以巧妙地转移一下地点，像小王那样用一下"调虎离山"之计，这样既维护了彼此的情感，又不至于耽误自己的事情，可谓两全其美。

在一家高级餐馆里，有一位顾客把餐巾系在脖子上，餐馆经理对此很反感。于是，他叫来了一个女服务员说："你要让这位绅士懂得，在我们的餐馆里，那样做是不允许的，但话要说得尽量委婉些。"女服务员来到那位顾客的桌旁，很有礼貌地问："先生，您是刮胡子，还是理发？"话音一落，顾客立即意识到自己的失礼，赶快取下了餐巾。

这位聪明的女服务员没有直接指出客人有失体统之处，却拐弯抹角地问两件与餐馆毫不相干的事——刮胡子和理发，表面上看来似乎是女服务员问错了，而实际上她通过这种风马牛不相及的事情来提醒这位顾客，不仅使顾客意识到自己失礼之处，又做到了礼貌待客，不伤害顾客的自尊。

编造善意的谎言：温和的言语让人更舒服

与人交谈时，如果态度良好，更容易赢得别人的好感，你也就更容易为人所接受。

"善待他人就是尊重自己。"给别人一片晴朗的天空，就是给自己一片明媚的天空。当你由衷发现他人的优点、好处、能力时，人家同时也发现了你的优点、好处、能力。善待他人就是善待自己，这是做人的基本原则。

与人为善是我们在寻求成功的过程中必须遵守的一条基本准则。在当今这样一个崇尚合作的社会中，人与人之间更是一种互动的关系。只有我们先善待别人，善意地帮助别人，才能处理好人际关系，从而获得与他人的愉快合作。

我们静下心来仔细思考一下，会发现自己可能很少会赞美他人。我们跟他人比较时，总是会找到对方的缺点，总是会说谁谁谁又做错了、某某某很笨，遇到人家做成功什么事情后，我们会心里说："这有什么，要是我肯定能做得比他好。"而当一个人做事情失败后，我们中间很多人又会在内心里说："瞧瞧，他多笨呀，不行就是不行……"凡此种种，其实就是我们不懂得善待他人的结果。

生活总是千差万别的，人的能力也是各种各样的，其实这跟我们的十个手指头不可能一样齐是一个道理。当一个不如自己的人，通过努力在做一件事情，我们用自己由衷的言语赞美一下，对于我们这可能不算什么，但是如果我们想象一下，对方听到这赞美之词，会是一种什么样的心情呢？当一个强于自己的人，轻易完成一件事情后，我们给他赞美的同时，我们也会发现他成功的原因，我们会在关注他的同时发现他强于我们的原因，我们会要求自己朝着他成功的方向去努力，这总比我们嫉妒他、不服气他要好多了吧？当遇到一个做错事情的人，特别是那种做错事情又伤害我们的人，如果我们宽恕他，给他改过的机会，我们得到的肯定不再是气愤之类的感觉。当一个人遇到困难的时候，我们尽力帮助他、善待他，试想一下，当对方说"谢谢"的时候，我们是不是也很开心呢？

皖南山区某县有一个青年农民，他种的水稻品种好、产量高，他总是将自己的优良水稻品种无偿地送给村里的人。村民问他："你这样做不怕我们超过你吗？"这位青年农民回答："我将好种子送给你们，其实也是帮自己。"他知道，周围的人们改良了他们的水稻品种，可以避免自己的水稻品种产生异变，导致减产。

生活中常是这样：对人多一份理解和宽容，其实就是支持和帮助自己，善待他人就是善待自己。如同有句话说的那样：授人玫瑰，手留余香。

可见，善待他人是人们在寻求成功的过程中应该遵守的一条基本准则。在当今这样一个需要合作的社会中，人与人之间更是一种互动的关系。只有我们先去善待别人，帮助别人，才能处理好人际关系。

有人说良好的人际关系不单单是行动上做出来的，更是从心底里"流"出来的。这句话很有哲理，它告诉我们在人际交往中要以诚待人，用"心"和他人交往。

在追求成功的过程中，任何人都离不开与他人的合作。尤其是在现代社会里，如果你想获得成功，就应该想方设法获得周围人的支持和帮助。只有你真诚地对待别人，对方才会与你真诚合作。请记住：善待他人也就是善待自己！

"沉默"控场术：学会把话语权交给对方

我们也许有过这样的经历：和别人聊起一个对方很感兴趣的话题时，对方开始打开话匣子，没完没了地说，一开始，自己还觉得很投机，后来就开始不耐烦，接着是厌烦。原因是什么？很简单，对方只顾自己说，而忽略了你。谁都不乐意一味地听别人说话，所以，与人交谈时，即使是一个很好的题材，对方很感兴趣，说话时也要适可而止，不可无休无止，说个没完，否则会令人厌倦。说一个题材之后，应当停一下，让别人发言，若对方没有说话的意思，而整个局面由于你的发言而人心向你，这个时候仍必须由你来支持局面，那么，就必须要另找题材，如此才能引起大家的兴趣并维持生动活泼的气氛。

在谈话当中，对方的发言机会虽为你所控制，但是，在说话过程中，应容许别人说话，给别人说话的机会。更好的方法是找机会诱导别人说话，这样气氛更浓，大家的兴致更高，朋友之间也更融洽。当说到某一节时可征求别人对该问题的看法，或在某种情形时请他试述自己的见解，总之，务必使对方不致一味听着，才不失为一个善于说话的人，不失为一个明智的人。如果话题转了两三次，而别人仍无将话题接过去的意思，或没有主动发言的能力，应该设法在适当的时候把谈话结束。即使你精神好，也应该让别人休息。自己包办大半发言的机会，是不得已时才偶尔为之的方法。千万不要以为别人爱听你说话，就不管别人的兴趣而随便说下去，这背离了说话艺术之道。

在社交上，最好的谈话是有别人的话在里面。有时会有那种看来不爱说也不爱听的人，常常坐在一个角落里，当他偶然听见另外一些人哄然大笑时，也照例跟着一笑，但是那种笑容随即就收敛了，他的眼光已经移到窗外或者其他的目标上。面对这类人，只要你知其症结所在，你便可以在几句谈话中探得他的学问兴趣，然后和他谈论下去，这样便很自然引起谈话内容。只要你恰当地提一些问题，就可以得到一个增长你学识的机会。他见你谈吐不俗，一定会引你为知己，如此一来，僵局就打开了。年纪较大或较小的一类，因年龄差距大，社会经历、生活经验不同，因而兴趣不同，趣味也无法相投。所以可以采用上述方法来打开话题。

第三章

聪明人的
八个沟通习惯

CONGMINGREN
SHI ZENYANG
GOUTONG DE

同理心：学会说"如果我是你"

沟通中，要想使得场面更和谐，就一定要找到对方感情的突破口，只有情感上有了共鸣，交流才能继续进行下去。

日常交往并不是总在熟人间进行，有时你甚至要闯入陌生人的领地。当进入一个陌生的家庭、环境时，要迅速打开局面，首先要寻找理想的突破口。有了突破口，便可以以点带面或由此及彼地发挥开去，从而实现让对方在感情上接受你的效果。

纽约某大银行的乔·理特奉上司指示，秘密进入某家公司进行信用调查。正巧理特认识另一家大企业公司的董事长，这位董事长很清楚该公司的行政情形，理特便亲自登门拜访。

当他进入董事长室，才坐定不久，女秘书便从门口探头对董事长说：

"很抱歉，今天我没有邮票拿给您。"

"我那 12 岁的儿子正在收集邮票，所以……"董事长不好意思地向理特解释。

接着理特便开门见山地说明来意，可是董事长却含糊其词，一直不愿做正面回答。理特见此情景，只好离去，没得到一点儿收获。

不久，理特突然想起那位女秘书向董事长说的话，同时也想到他服务的银行国外科每天都有许多来自世界各地的信件，那上面有各国的邮票。

第二天下午，理特又去找那位董事长，告诉他是专程替他儿子送邮票来的。董事长热诚地欢迎了他。理特把邮票交给他，他面露微笑，双手接过邮票，就像得到稀世珍宝似的自言自语："我儿子一定会高兴得不得了。啊！多有价值！"

董事长和理特谈了 40 分钟有关集邮的事情，又让理特看他儿子的照片。之后，没等理特开口，他就自动说出了理特要知道的内幕消息，足足说了一个钟头。他不但把所知道的消息都告诉了理特，又招来部下询问，还打电话请教朋友。理特没想到区区几十张邮票竟让他圆满地完成了任务。

人常说：要让一个母亲开心，那就去赞扬她的孩子。找到情感共鸣，沟通自然会顺畅。

巧妙说"不"，别让不好意思害了你

如何拒绝别人是一门艺术，这门艺术的关键点就在于拒绝别人的话要怎么说才能让人觉得合情合理，进而让别人更容易接受。

人的一生就是在不断地接受和拒绝中度过的。如果拒绝未采用合适的方法和相应的技巧就容易伤害对方，引发怨恨和不满，从而导致人际关系的破裂，让自己陷入非常被动的境地之中。即使不至于闹到很严重的地步，因拒绝而引起的疙瘩也会使对方耿耿于怀。

"我实在没有钱借给你，否则，我就不必如此地拼命了""我们非亲非故的，凭什么要帮你"……在遭受这样的拒绝后，你会有怎样的反应呢？你一定会感到恼羞成怒，用犀利的言语回击对方。

有时，对方与我们反目成仇，并非完全是由于我们拒绝了他，更多的是我们拒绝的语言和方式伤害了他。那么我们要如何拒绝呢？

小李24岁，才貌双全，大学毕业后分配到一家公司工作。不料，她的顶头上司——部门经理对她一见倾心，便发起了猛烈的攻势。小李怕直接回绝会伤了上司的自尊，给自己以后的工作带来不便。考虑再三，最后小李决定实话实说，于是彬彬有礼地告诉经理：

"我已另有所爱，只是男友暂时在外地工作。"如此一来，经理在"恨不相逢未嫁时"的深深遗憾中打消了自己的念头，以平常心对待小李。

再看看下面这个例子。

小林陪女友逛商店，女友在某时装店看中了一件风衣，价格不菲，而小林觉得这件衣服很普通，不值这个价。但是在女友面前不便说，否则女友会认为自己是个小气鬼，两人免不了要闹一阵子情绪。只见小林鼓动女友试衣，左看右看后对女友说："很合身，但我觉得你穿上它气质不如从前了。主要是款式太新潮，不适合你的职业特点，倒更像是较前卫的女孩穿的。"女友一听此话，忙不迭地脱下风衣，拉着小林离开了商店。

小林巧用衣服与气质的关系，让女友主动放弃了自己中意的风衣，达到了自己的目的。

不自夸：过分自夸不过是在显示自己浅薄

爱自我夸大的人是找不到真正的好朋友的，因为他自视甚高，睥睨一切，不大理会别人的意见，只会自己吹牛。他只想找奉承和听从他的群众，而不是朋友，于是朋友们都唯恐避之不及。他常自以为是最有本领的人，如果他做生意，他觉得没人比得上他；如果他是艺术家，他就自以为是一代大师；要是他在政治舞台上活动呢，他会觉得只有他才能救世界、救人类。面子是别人给的，脸是自己丢的。若有真实本领，那么赞美的话应该出自别人的口，自吹自擂其实是丢自己的脸而已。凡有修养的人必不随便说及自己，更不会夸自己。他很明白，个人的事业行为在旁人看来是清清楚楚的。

请你不必自吹自擂，与其自夸，不如表示谦逊，也许你自己以为伟大，但别人不一定同意。自己捧自己，绝不能捧得太高。好夸大自己事业的重要性，间接为自己吹擂，纵使你平日备受崇敬，听了这话别人也会觉得不高兴。世间每一件值得向人夸耀的事情都是这样，自己不自夸时，别人还会来称颂，自己说了，人家反而瞧不起了。

千万不要故意与别人有不同的意见。有的人专门喜欢表示与别人不同的意见，处处故意表示与别人看法不同，比如说：你说这是黑的，他在这个时候就硬说是白的；后来你又改变了看法也说这是白的，他在这个时候就会反过来说它是黑的了。

这种人与那些处处随声附和的人一样会被人看不起，最后还有可能会让人认为他是一个不忠实的人。

好口才帮助你待人处世，没有一个人不愿意做一个口才好、到处受人欢迎的人。但是若为了展现你的口才，到处逞能，这样只会惹人憎厌，所以口才应正确且灵活地表现。

在谈话时，很有可能会出现一些分歧，这时如果立刻提出异议，对方一听就会觉得别人对自己不尊重、自己的意见被完全否定了，这样的结果很显然是令人不愉快的。

如果这种情形真的出现，就要把事情说得清楚一点，要先说明哪一点是自己同意的，哪些地方也完全同意他的看法，然后再把不太同意的某一点说出来。对方在这种情况下也就很容易接受你的批评或指正，因为他现在已经知道了双方在主要部分的意见还是完全一致的。

无论怎样，都要预先提及对方意见中你所同意的各点，就算它是不重要的一点也要说出来，这样做的目的就是为了缓和一下谈话的气氛。

总而言之，要避免在陌生人面前夸耀你个人的成就、你的富有，或者总向人说自己的儿子怎么怎么了不起之类的话；当然，更不要在一般的公共场合，把朋友们的缺点与失败当作是谈话的资料；也不要发一些无谓的牢骚，诉苦和发牢骚不是获得同情的好方法。这也是做人的一些基本态度。

不生气：沉默地面对指责

雄辩如银，沉默是金。在我们的生活中，有些时候确实是沉默胜于雄辩。与得体的语言一样，恰到好处的沉默也是一种语言艺术，运用好了常会收到"此时无声胜有声"的效果。

假如我们在生活中遇到个别强词夺理、无理辩三分或者出言不逊、恶语伤人的人，与之争辩是非或是反唇相讥，往往只能招来他们变本加厉的胡搅蛮缠。对付这种人的最好办法往往不是以眼还眼，以牙还牙，而是保持沉默。这种无言的回敬常使他们理屈词穷，无地自容，正如鲁迅先生所说：沉默是最好的反抗。

国外某名牌大学，曾发生过老师和校长反目的情形，该校校长遭到许多老师的围攻。当时，也有一群学生冲进校长的研究室，对他提出各种质问。但是，无论教师说什么，这位校长始终不开口，双方僵持了几个小时后，教师们终于无可奈何地走了。

这位校长保持沉默，实际上也是一种反抗，同时又给对方一种高深莫测的感觉，从而造成心理上的压迫感。由此看来，"沉默是金"确有一定道理。

当对方出于不良动机，对你进行人身攻击，并且造谣诽谤时，如果予以辩驳反击，又难以分清是非，这时运用轻蔑性沉默便可显示出锐利的锋芒。你只需以不屑的神情，嗤之以鼻，就足以把对方置于尴尬的境地。

某单位有两个采购员，田宁因超额完成任务而受奖，郑伟却因没尽力而被罚。但郑伟不认识自己的问题，反而说三道四。在一次公众场合，他含沙射影地说："哼，不光彩的奖励白给我也不要！有酒有烟我还留着自己用哩，给当官的拍马屁，咱没有学会！"

田宁明白这是在骂自己，不免怒火顿升，本想把话顶回去，可是转念一想觉得如果和他争吵，对方肯定会胡搅蛮缠，反而助长其气焰。于是他强压怒火，对着郑伟轻蔑地冷笑一声，以不值一驳的神色摇了摇头，转身离去，把郑伟晾在一边。

郑伟的脸红一阵白一阵的，窘极了。

众人也哄笑道："没有完成任务还咬什么人，没劲！"至此，郑伟已经无地自容。

在这里，田宁的轻蔑性沉默产生的批驳力比之用语言反驳，显得更为有力、得体，更能穿心透骨。这也许是对付无理挑衅的最有效的反击武器。

有些人在遇到麻烦的时候，常常喋喋不休，唠叨不止，殊不知这样正好暴露了自己的弱点。处在尴尬情况下，与其聒噪不停，甚至说错话，倒不如保持沉默。

沉默像乐曲中的休止符，它不仅是声音上的空白，更是内容的延伸与升华。它是一种无声的特殊语言，是一种不用动口的口才。

不武断：拿不准的问题多看多听

一般人并不怕听反对自己的意见，不过人人都愿意自己用脑筋去考虑一下各种问题。对于自己未必相信的事情，都愿意多听一听，多看一看，然后再下判断。

为了给别人考虑的余地，你要尽量缓冲你的判断结论。把你的判断限制一下，声明这只是个人的看法，或者是亲眼看到的事实，因为可能别人跟你有不尽相同的经验。

除去极少数的特殊事情外，日常交往中，你最好能避免用类似这样的语句来说明你的看法。如"绝对是这样的""全部是这样的",或者"总是这样的"。你可以说"有些是这样的","有时是这样的",甚至你可以说"大多数人都是这样的"。

凡是对自己没有亲历,或不了解的事实,或存有疑点的问题发表看法时,要注意选择恰当的限制性词语,准确地表达。如说:"仅从已掌握的情况来看,我认为……","如果情况是这样的话,我认为……","这仅仅是个人的意见,不一定正确……"这些说法都给发言做了必要的限制,不但较为客观,而且随着掌握的新情况的增多,有进一步发表意见,或纠正自己原来看法的余地,较为主动。

有时是因事实尚未搞清,有时是因涉及面广,或者自己不明就里,都不宜说过头话,而应借助委婉、含蓄、隐蔽、暗喻的策略方式,由此及彼,用弦外之音,巧妙表达本意,揭示批评内容,让人自己思考和领悟,使这种批评达到"藏颖词间,锋露于外"的效果。例如,可以通过列举和分析现实中他人的是非,暗喻其错误;通过列举分析历史人物是非,烘托其错误;也可通过分析正确的事物,比较其错误等。此外,还可采用多种暗示法,如故事暗示法,用生动的形象增强感染力;笑话暗示法,既有幽默感,又使他不尴尬;轶闻暗示法,通过轶闻趣事,使他听批评时,即使受到点影射,也易于接受。总之,通过提供多角度、多内容的比较,使人反思领悟,从而自觉愉快地接受你的意见,改正错误。

不冒犯：不拿别人的隐私开玩笑

一般来讲，开玩笑都想达到一种令人回味无穷的幽默效果，为此，有人开玩笑竟侵犯到了别人的隐私，这实在太过分了。其实，玩笑能否令人回味无穷，在于巧妙、含蓄的构思，精辟、深奥的哲理，浅显、滑稽的表现形式，幽默的引证，以及特定的矛盾、特定的情境，等等。用过分的语言去开玩笑，难免出现污言秽语。不宜过频地开玩笑，应该适可而止。

每个人都有自己的秘密，都有一些压在心里不愿为人知的事情。在同事之间的闲聊调侃中，哪怕感情再好，也不要去揭别人的短，把别人的隐私公布于众，更不能拿来当作笑料。

某茶馆老板的妻子结婚两个月，就生了一个小孩，邻居们赶来祝贺。老板的一个要好的朋友吉米也来了。他拿来了自己的礼物——纸和铅笔，老板谢过了他，并且问："尊敬的吉米先生，给这么小的孩子赠送纸和笔，不太早了吗？"

"不"，吉米说，"您的小孩儿太性急。本该9个月后才出生，可他偏偏两个月就出世了，再过5个月，他肯定会去上学，所以我才给他准备了纸和笔。"

吉米的话刚说完，全场哄然大笑，令茶馆老板夫妇无地自容。

调侃他人的隐私是不对的，上例中吉米明显道出了茶馆老板妻子未婚先孕的隐私，这样令大家都处于尴尬的局面。

所以说，调侃时说出了他人的隐私，虽言者无意，但是听者却有心的。他会认为你是有意跟他过不去，从此对你恨之入骨。他做的事别有用心，极力掩饰不使人知，如果被你知道了，必然对你不利。如果你与对方非常熟悉，绝对不能向他表明你绝不泄密，那将会自找麻烦。最好的办法是假装不知，若无其事。

在现实中，正人君子有之，奸佞小人有之；既有坦途，也有暗礁。

在复杂的环境下，不注意说话的内容、分寸、方式和对象，往往容易招惹是非，授人把柄，甚至祸从口出。因此，说话小心些，为人谨慎些，使自己置身于进可攻、退可守的有利位置，牢牢地把握人生的主动权，无疑是有益的。一个毫无城府、喋喋不休、乱侃他人隐私，乱揭他人伤疤的人，会显得浅薄俗气、缺乏涵养而不受欢迎。

心理学家研究表明：谁都不愿把自己的错误和隐私在公众面前"曝光"，一旦被人曝光，尤其是以一种调侃的形式被人揭露，就会感到难堪而愤怒。因此，在与人交往谈话中，如果不是为了某种特殊需要，一般尽量避免接触这些敏感区，免使对方当众出丑。必要时可采用委婉的话暗示你已知道他的错处或隐私，让他感到有压力而不得不改正。知趣的、会权衡的人需"点到即止"，这样的人一般是会顾全双方的脸面而悄悄收场的。当面揭短，让对方出了丑，说不定会使他人恼羞成怒，或者干脆耍赖，出现很难堪的局面。至于一些纯属隐私、非原则性的错处，还是那种方法：装聋作哑，千万别去追究。

不争论：要有欢迎分歧的态度

每个人都不愿意认输，不愿意承认自己错了。与人争论时，要考虑对方的这种心理，不必硬要分出胜负，得理也让人三分，别人心里定会心存感激，至少不会与你为敌。

总是喜欢争口头上胜利的人，渐渐地会形成一种习惯：不管自己有理无理，一旦用到嘴巴，他绝不会认输，而且也不会输，因为他有本事抓你语言上的漏洞，也会转移战场，四处攻击，让你毫无招架之力；虽然你有理，他无理，但你就是拿他没办法。

在辩论会、谈判桌上，这种人也许是个人才，但在日常生活和工作场合中，这种人反而会吃亏，因为日常生活和工作场合不是辩论场，也不是会议场和谈判桌，你面对的可能是能力强但口才差，或是能力差、口才也差的人，你辩赢了前者，并不表示你的观点就是对的，你辩赢了后者，只突显你只是个好辩之徒且没有"心眼"罢了。

而一般常见的情形是，人们虽然不敢在言语上和你交锋，但对的事情大家心知肚明，反而会同情"辩"输的那个人，你的意见并不一定会得到支持，而且别人因为怕和你在言语上交锋，只好尽量回避你。如果你得理还不饶人，把对方"赶尽杀绝"，让他没有台阶下，那么你已种下仇恨的种子，这对你绝对不是好事。

　　你应该也有过这样的体会，一个人在提出自己的意见后，一旦遭到全盘否定，你的自尊心往往使他采取以牙还牙式的反抗。这种心理反应会极大地阻碍谈判的顺利进行。相反，一个人在提出自己的意见后，一旦受到某种程度的肯定和重视，人的自尊心会引导心理活动形成一种兴奋优势，这种兴奋优势会给人带来情感上的亲善体验和理智上的满足体验。这种体验一旦发生，就会有利于纠纷的调解，使争执双方的意见达成一致。

第四章

聪明人

高效沟通必用的心理策略

心理胁迫术：刚柔相济，劝诚更有效

张嘉言驻守广州时，沿海一带设有总兵、参将、游击等官职。总兵、参将部下各有数千名士兵，每天的军粮都要平均分为两份。

参将的士兵每年汛期都要出海巡逻，而总兵所管辖的士兵都借口驻守海防，从来不远行。等到每过三五年要修船不出海时，参将部下的士兵只发给一半的军粮，如果没有船修而不出海，就要每天减去三分之一的军粮，以贮存起来待修船时再用。只有总兵的部下军粮一点也不减，当修船时另外再从民间筹集经费。这种做法已沿袭很久，彼此都视为理所当然。

不料，有一天，巡按将此事报告了军门，请求以后将总兵部下的军粮减少一些，留待以后准备修船时再用。恰巧，这位军门和总兵之间有矛盾，于是就仓促同意削减军粮。

总兵各部官兵听到消息后，立即哄然哗变。他们知道张嘉言在朝廷中很有威信，就径直围逼到张嘉言的大堂之下。

张嘉言神色安然自若，命令手下人传五六个知情者到场，说明事情真相。士兵们蜂拥而上，张嘉言当即将他们喝下堂去，说：

"人多嘴杂，一片吵闹声，我怎么能听清你们说些什么。"

士兵们这才退下。当时正下大雨，士兵们的衣服都淋湿了，张嘉言也不顾惜，只是叫这几个人将情况详细说明。这几个人你一言我一语，都说过去从来没有扣减总兵官兵军粮的先例。

张嘉言说："这件事我也听说了。你们全都不出海巡逻，这也难怪上司削减你们的军粮了。你们要想不减也可以，不过那对你们并没有什么好处。上司从今以后会让你们和参将的士兵一样每年轮换出海巡逻，你们难道能不去吗？如果去了，那么你们也会同他们一样，军粮会被减掉一半。你们费尽心机争取到的东西还是拿不到的，这些肯定要发给那些来替换你们的士兵。如果是这样，你们为什么不听从上司，将军粮稍微减少一点呢？而你们照样还可以做你们大将军的士兵。你们再认真考虑一下吧！"

这几个人低着头，一时无法对答，只是一个劲地说："求老爷转告上司，多多宽大体恤。"

张嘉言问："你们叫什么名字？"

他们都面面相觑不敢回答。

张嘉言顿时骂道："你们不说姓名，如果上司问我'谁禀告你的'，让我怎么回答？"

这几个人只好报了自己的姓名，张嘉言一一记下，然后对他们说：

"你们回去转告各位士兵，这件事我自有处置，劝他们不要闹了。否则，你们几个人的姓名都在我这儿，上司一定会将你们全部斩首。"

这几个人顿时吓得面容失色，连连点头称是，退了出去。

后来，总兵部下的士兵每日被扣军粮，士兵们竟然再也没有闹事的。张嘉言的这招恩威并施堪称经典。

在说服他人的过程中，采用刚柔相济的劝诫之术，一方面能使别人体面地"退"，另一方面又坚持自己的原则，使自己的主张得到采纳，这种方法为许多事情的处理留有余地。

太史公司马迁在《史记·滑稽传》记载：战国时期，齐威王荒淫无度，不理国政，好为长夜之饮。上行下效，僚属们也全不干正事了，眼看国家就要灭亡。可是就在这种节骨眼上却没有谁敢去进谏，最后只好由"长不满四尺"的淳于髡出面了。但是淳于髡并没有气势汹汹、单刀直入地向齐威王提出规谏，而是先和他搭讪聊天。

他对齐威王说："咱们齐国有一只大鸟，落在大王的屋顶上已经3年了，可是它既不飞，又不叫，大王您知道是什么原因吗？"

齐威王虽然荒淫好酒，但是他本人却和夏桀、商纣那样的坏到骨子里去的人物有着巨大的不同，所以当听到淳于髡的隐语之后，他就被刺痛并醒悟了。于是很快回答说："我知道。这只大鸟它不鸣则已，一鸣就要惊人；不飞则已，一飞即将冲天。你就等着看吧！"

说毕立即停歌罢舞，戒酒上朝，切实清理政务，严肃吏治，接见县令共72人，赏有功者1人，杀有罪者1人。随后领兵出征，打退要来侵犯齐国的各路诸侯，夺回被别国侵占去的所有国土，齐国很快又强盛起来。

淳于髡并没有以尖锐的语言来进行劝谏，而是避开话锋，柔语细说中又带有一丝强硬与责备，这样对方很容易主动接受建议。

刚柔相济的方法还可以以两人合作的形式来实施。

一位深受青年喜爱的作家的很多作品都被拍成电影，好多人都曾在影院看过经他的原著改编的影片，影院的观众席都挤满了，观众不时为故事的新颖奇妙鼓掌喝彩，就像20世纪30年代的美国人为卓别林的表演忍俊不禁一样。影片是侦探片，而最吸引人的是影片中审讯犯人的绝妙技巧：警员声色俱厉地威胁、恐吓犯人，把他逼到山穷水尽的困境，这时又一位陪审的警员出场，他态度十分温和地对罪犯表示信任和理解。

首先罪犯由攻击型的警员来审问，以凌厉的攻势摧毁对方的意志，向他说明他的罪证确凿、他的同伙都招供了等，把他逼到进退两难的边缘。接受了这样的审讯后，有的人会屈服，而顽固的罪犯则会死不认罪。

这种情况下，则派另一位温和型的警员审问他。警员完全站到罪犯的立场上，真心地安慰他、鼓励他"你的兄长都希望你得到宽大处理，希望你为他们考虑"等。面对这种软招，罪犯往往会自惭形秽，坦白自己的一切犯罪行为。

无论是在影片中还是现实生活中，使用这种技巧，罪犯十有八九会坦白认罪的。

这种手法是一种奇异的心理法则，又称"缓解交代法"。由温和型和攻击型的两个人合作，一方首先把对方逼到心理的死胡同里去，令他一筹莫展；这时另一个人出来指点给他一条路。这种情况下，对方会自然地奔向那条可以脱身的路。

第一印象：应第一次见面就留下好印象

心理学中有一个词叫"首因效应"，首因效应强调的是第一印象的重要性，对于每一个人，无论别人对他的第一印象是正确的还是错误的，大部分人都依赖于第一印象的信息，而这个第一印象的形成对于日后的决定起着非常大的作用。它比第二次、第三次的印象和日后的了解更重要。第一印象的好与坏几乎可以决定人们是否能够继续交往。

英国伦敦大学学院一位系主任在谈到一位讲师时说："从她一进门，我就感到她是我所渴望的人。她身上散发着某种精神，被她那庄重的外表衬托得越发迷人。因为只有一个有高度素养、可信、正直、勤奋的人才有这样的光芒。30分钟之后，我就让她第二天来系里报到。她没有让我失望，至今她是最优秀的讲师。"这个激烈角逐的位置就这样由于一个迷人的第一印象落到了这位中国女博士的手中。

尽管人们理直气壮地告诉别人，不要仅凭一个人的外表妄下结论。但事实上是，全世界的人都在这么做。美国勃依斯公司总裁海罗德说："大部分人没有时间去了解你，所以他们对你的第一印象是非常重要的。如果你给人的第一印象好，你才有可能开始第二步，如果你留下一个不良的第一印象，很多情况下，我们会相信第一印象基本上是准确无误的。对于寻求商机的人，一个糟糕的第一印象，就失去潜在的合作机会，这种案例数不胜数。你必须花费更多的时间才能够抹去糟糕的第一印象。"

南风法则：温言暖语宽慰他人，令人心存感激

这里所说的"温言暖语"中的"温和"有两层含义，一是指说话的方式温和，二是指所说的内容温和。所谓说话的方式温和，是指开口说话的时候，以温和、安详、委婉的语调和语气说话；所谓说话的内容温和，是指所说的内容真实可靠，实事求是，能够使人的心情趋于温和、愉悦，并且使人的思想积极向善，而不是引发贪婪、憎恨、不满和抱怨等痛苦的情绪。

查尔斯·史考勃有一次经过他的钢铁厂。当时是中午休息时间，他看到几个人正在抽烟，而在他们的头上，正好有一块大招牌，上面清清楚楚地写着"严禁吸烟"。如果史考勃指着那块牌子对他们说："难道你们都是文盲吗？"这样显然只会招致工人对他的逆反和憎恶。

史考勃没有那么做，相反，他朝那些人走去，友好地递给他们几根雪茄，说："诸位，如果你们能到外面抽掉这些雪茄，那我真是感激不尽了。"吸烟的人立刻知道自己违反了规定，于是，便一个个把烟头掐灭，同时对史考勃产生了好感和尊敬之情。

因为史考勃没有简单地斥责，而是使用了充满人情味的温和的表达方式和温和的言语，使别人乐于接受他的批评。这样的人，谁不乐于和他共事呢？其实，不仅是领导对下属采取温和的说话方式会让下属敞开心扉，接受批评，就是在我们与周围人的一般交往中，也是如此。

俗话说："良言一句三冬暖，恶语伤人六月寒。"当我们以尊重、温和、友好的方式和人交谈时，对方就会在不知不觉中向我们靠近，并愿意敞开心扉，与我们亲切地交谈。如果我们以一种居高临下的姿态跟人说话，甚至言辞不恭或太犀利的话，对方就会对我们垒起一堵"心墙"，让我们无法靠近。

胡洛克是美国最有成就的音乐经纪人之一。二十多年来，他一直跟艺术家有来往——像夏里亚宾·伊莎德拉、邓肯，以及帕夫洛瓦这些世界闻名的艺术家。胡洛克说，与这些脾气暴躁的明星们接触中所学到的第一件事就是必须温和地对待他们，特别是在跟他们交谈的时候。

他曾担任夏里亚宾的经纪人达 3 年之久——夏里亚宾是最伟大的男低音歌唱家之一，曾风靡大都会歌剧院。然而，他却一直是个"问题人物"。他像一个被宠坏的小孩，用胡洛克的话来说："他是个各方面都叫人头痛的家伙。"

例如，夏里亚宾会在他演唱的那天中午，打电话给胡洛克说："胡洛克先生，我觉得很不舒服。我的喉咙像一块生的碎牛肉饼，今晚我不能上台演唱了。"胡洛克是否立刻就和他吵了起来？不，没有。他知道一个经纪人不能以这种方式对待艺术家。于是，他马上赶到夏里亚宾的旅馆，表现得十分温和。"多可怜呀，"他极其忧伤地说，"多可怜！我可怜的朋友。当然，你不能演唱，我立刻就把这场演唱会取消。这只不过使你损失一点钱而已，但跟你的名誉比较起来，根本算不了什么。"

这时，夏里亚宾会叹一口气说："也许，你最好下午再过来一次。五点钟的时候来吧！看看我怎么样。"

到了下午五点钟，胡洛克又赶到他的旅馆去，仍然是一副十分温和的姿态。他再度坚持取消演唱会，夏里亚宾再度叹口气说："哦！也许你最好待会儿再来看看我。我那时可能好一点了。"

到了 7∶30，这位伟大的男低音答应登台演唱了，他要求胡洛克先上大都会的舞台宣布说，夏里亚宾患了重伤风，嗓子不太好。胡洛克就答应他照办，因为他知道，这是使这位伟大而怪脾气的男低音走上舞台的唯一办法。

胡洛克用自己温和的语言，打动了一个个难缠的艺术家。这告诉我们在这个世界上，没有一个人喜欢说话态度蛮横、语气生硬、粗暴无礼的人，也没有一个人喜欢言语尖酸刻薄的人。

仔细观察就会发现，言语尖酸刻薄、不温和实际上是招致人讨厌的主要原因。言语生硬、刻薄的人，会让周围的人对其产生极大的厌恶。

被拒绝了心里肯定不好受，对于拒绝后的处理方式，因人而异。面对不合理的要求，有的下属仗着年轻气盛，一句话就给领导顶回去了，搞得双方不欢而散。有的下属虽然心里有些不快，却还能冷静下来，用平和的语气来对领导晓之以理。显然后者是讨人喜欢的，能让领导冷静地予以思考并认为你很有涵养，转机说不定就会在此发生。

在一家企业面试中，小齐凭借自己的实力已经通过了笔试和前几轮面试。

在最后一轮面试过程中，考官突然问道："经过了这轮面试，我们认为你不适合我们的单位，决定不录用你，你自己认为你有哪些不足？"

面对考官的问题，小齐虽然很失望，也比较气愤，但还是平静地回答道：

"我认为面试向来是一半靠实力，一半靠运气的。我们不能指望一次面试就能对一个人的才能、品格有充分的了解和认识。

通过这次面试，我学到了很多东西，也发现了自己的不足——既有临场经验的不足，也有知识储备的不足。希望以后能有机会向各位考官讨教。我会好好地总结经验，加强学习，弥补不足，避免在今后工作中再出现类似的问题。另外，希望考官能对我全面、客观地进行考察，我一定会努力，使自己尽量适应岗位的要求。"

其实，考官这是在考察小齐的应变能力，并非真的对他不满，如果他们认为小齐不合适，不可能会再问他问题。

因此，小齐沉着应对，回答时非常谦虚，把重点放在弥补弱点上，这可以看出他积极进取的品质，甚至他还表示要诚恳地向考官讨教，无形中博取了他们的好感。下属向领导提议时亦是如此，遭遇领导拒绝后，如果任凭自己内心的不满发泄出来，只会让领导觉得你不明事理。而如果你能在遭遇拒绝后仍保持言语和气，循序渐进地对领导晓之以理动之以情，相信领导会重新考虑你的提议，有可能你的目的就达到了。

如果一个人没有"言语温和"的素质，那么这个人的一生将在痛苦的争吵声中度过，很难找到祥和与温暖的时光。观察周围的很多人就会发现，不少人其实并没有其他特殊的本领，只是掌握了"言语温和"的基本素质，则其一生也是在幸福和成功之中度过。而又有不少人，虽然拥有一些出众的才能，可是脾气却很暴躁，语言也不温和，出口就让周围的人不开心，这样的人往往一生充满坎坷，家庭不幸福，人际关系也恶劣。

林语堂说："如果我们在世界里有了知识而不能了解，有了批评而不能欣赏，有了美而没有爱，有了真理而缺乏热情，有了公义而缺乏慈悲。有了礼貌而无温暖的心，这种世界将是一个多么可怜的世界啊。"所以，一个人要具备"言语温和"的禀性，培养"温和"与"谨慎"的心灵。当我们的心灵变得温和时，言语自然就会温和；当我们的心灵变得谨慎而细致时，说话自然就会把握分寸，使人感到温暖而体贴。如果一个人具备言语温和的禀性，这个人自己也会感到祥和与安乐，并且也会受到他人的欢迎和赞扬。

漏斗法则：从开放式的问题开始，逐渐缩小范围

每种类型的问题都有最合适的谈话情境，知道什么时候用哪种类型的问题，对于想从别人身上得到可靠信息的你来说，是非常重要的。

1. 开放性的问题

开放式的问题简直可以用闲谈来形容，轻松得好像你们就是在拉家常。这类型的问题不会有所指向，谈话对象也不用分辨哪一种答案会取悦于你，没有担心，他自然就可以轻松地说出心里话。开放式的话题是你获得客观信息的首选。

当然，开放式话题也有缺点。由于它们太宽泛了，答案有时候会完全脱离轨道，你得到的信息往往都不是你想要的。而且开放式的问题也相当费时，有时候唠唠叨叨谈了半天，却没有你想要的答案。开放式的问题也给谈话对象规避问题创造了条件。

2. 诱导式的问题

开放式的问题没有限定任何答案，而诱导式的问题则有限制。有时候限制是有利的，因为这样可以引导谈话的方向，避免浪费了大量的时间和精力却不得要领。如果你想知道你的员工工作热情如何，不要问他："你今天都做了什么？"而是问一个诱导的问题："你今天几点到公司的？"

如果你想从一个闪烁其词的人口中得到直接的答案，你可以好好利用诱导式问题。否则，如果你问他开放式的问题，估计问三天三夜也问不出结果。另一种使用诱导式问题的情况，是让对方知道你事先掌握了他的一些信息。例如，母亲对儿子说："我知道你一直都不喜欢舞蹈，但是学了拉丁舞是不是有一些不同的感觉？"或者商人对潜在的客户说："这项计划是否和去年……事情有关？"这些问题能促使谈话对象坦露更多的信息。

3. 争论式的问题

争论式的问题给人的感觉就是争论、辩解。有时为了取得重要的讯息或揭发谎言，你不得不使用这种问题。在日常生活中，使用威胁的手段强迫对方承认以取得答案应该是最后的手段。有时候，在最激烈的言谈攻击下，你的谈话对象不得不承认他"没有犯过的错"。但是冷静之后，他往往会表示这是为了避开你，为了逃离现场才那样说的，这样的态度转变有时难辨真伪。有时候你逼得紧了，他甚至会说："好吧，我承认，你不就是想让我承认吗？现在你得到了你想要的答案，可以走了吗？"

超限效应：再好的朋友也应保持距离

人一辈子都在不断地交新的朋友，但新的朋友未必比老的朋友好，失去友情更是人生的一种损失。因此要强调：即使是非常要好的朋友，也要读懂对方，尊重对方的个性，保持适当的距离。

交到好朋友难，而保持友情更难。既然彼此是好朋友，那为何还要保持距离？这样会不会让朋友间彼此疏远，显得缺乏继续交往下去的诚意呢？你肯定会为这些问题担心。但事实证明，很多人友情疏远，问题就恰恰出在这种形影不离之中。

距离是人际关系的自然属性。有着亲密关系的两个人也毫不例外地成为好朋友，只说明你们在某些方面具有共同的目标、爱好或见解以及心灵的沟通，但并不能说明你们之间是毫无间隙，可以融为一体的。

在文坛，流传着一个关于两位文学大师的故事：加西亚·马尔克斯是 1982 年诺贝尔文学奖获得者，巴尔加斯·略萨则是近年来被人们说成是随时可能获得诺贝尔文学奖的西班牙籍秘鲁裔作家。他们堪称当今世界文坛最令人瞩目的一对冤家。他俩第一次见面是在 1967 年，那年冬天，刚刚写完《百年孤独》的加西亚·马尔克斯应邀赴委内瑞拉参加一个他从未听说过的文学奖项的颁奖典礼。

当时，两架飞机几乎同时在加拉加斯机场降落。一架来自伦敦，载着巴尔加斯·略萨，另一架来自墨西哥城，它几乎是加西亚·马尔克斯的专机。两位文坛巨匠就这样完成了他们的历史性会面。因为同是拉丁美洲"文学爆炸"的主帅，他们彼此仰慕、神交已久，所以除了相见恨晚，便是一见如故。

巴尔加斯·略萨是作为首届罗慕洛·加列戈斯奖的获奖者来加拉加斯参加授奖仪式的，而马尔克斯则专程前来捧场。所谓殊途同归，他们几乎手拉着手登上了同一辆汽车。他们不停地交谈，几乎将世界置之度外。马尔克斯称略萨是"世界文学的最后一位游侠骑士"，略萨回称马尔克斯是"美洲的阿马迪斯"；马尔克斯真诚地祝贺略萨荣获"美洲诺贝尔文学奖"，而略萨则盛赞《百年孤独》是"美洲的《圣经》"。此后，他们形影不离地在加拉加斯度过了"一生中最有意义的 4 天"，制定了联合探讨拉丁美洲文学的大纲和联合创作一部有关哥伦比亚－秘鲁关系的小说。略萨还对马尔克斯进行了长达 30 小时的"不间断采访"，并决定以此为基础撰写自己的博士论文。这篇论文也就是后来那部砖头似的《加夫列尔·加西亚·马尔克斯：弑神者的历史》（1971）。

基于情势，拉美权威报刊及时推出了《拉美文学二人谈》等专题报道，从此两人会面频繁、笔交甚密。于是，全世界所有文学爱好者几乎都知道：他俩都是在外祖母的照看下长大的，青年时代都曾流亡巴黎，都信奉马克思主义，都是古巴革命政府的支持者，现在又有共同的事业。

作为友谊的黄金插曲，略萨邀请马尔克斯顺便拜访秘鲁。后者谓之求之不得。在秘鲁期间，略萨和妻子乘机为他们的第二个儿子举行了洗礼；马尔克斯自告奋勇，做了孩子的干爹。孩子取名加夫列尔·罗德里戈·贡萨洛，即马尔克斯外加他两个儿子的名字。

但是，正所谓太亲易疏。多年以后，这两位文坛宿将终因不可确知的原因反目成仇、势不两立，以至于1982年瑞典文学院不得不取消把诺贝尔文学奖同时授予马尔克斯和略萨的决定，以免发生其中一人拒绝领奖的尴尬。当然，这只是传说之一。有人说他俩之所以闹翻是因为一山难容二虎，有人说他俩在文学观上发生了分歧或者原本就不是同路。更有甚者是说略萨怀疑马尔克斯看上了他的妻子。后来，没有人能再把他们撮合在一起。可见，朋友相处，重要的是双方在感情上的相互理解和遇到困难时的互相帮助，而不是了解一些没有必要的东西。中国古老的箴言"君子之交淡如水"，便饱含了这一道理。那么，真诚地对待你的朋友时，不要一口气把友情用光，保持距离、用心经营才是上策。

自己人效应：让对方认为你和他具有相似性

中国有句古话是"物以类聚，人以群分"，说的是人们对和自己相似的人看着比较顺眼，相似的两个人容易成为朋友。

钟子期和俞伯牙的友谊流传千古。俞伯牙有出神入化的琴技，而只有钟子期才能听出他琴技的高妙，于是钟子期和俞伯牙成了最知心的朋友。后来钟子期病死，俞伯牙非常伤心，在钟子期的坟前将琴砸得粉碎，终生不再弹琴。因为已经没有人能够听懂他的琴声了，何况这还会勾起他对钟子期的怀念和伤感。

钟子期、俞伯牙之所以有超乎寻常的友情，就是因为他们有个相似的特点——对音乐有高超的鉴赏力。因为无人能取代钟子期，所以他在俞伯牙心中的地位是独一无二的。

科学家曾人为地将某大学的学生宿舍进行了安排，他们先以测验和问卷的形式了解了部分学生的性情、态度、信念、兴趣、爱好和价值观等，然后把这些学生分为志趣相似和相异的，把志趣相似的学生安排在同一房间，再把志趣相异的也安排在同一房间，之后就不再干扰他们的生活和学习。过了一段时间，再对这些学生进行调查，发现志趣相似的同屋人一般都成了朋友，而那些志趣相异的则未能成为朋友。

那么，为什么人会喜欢与自己有相似性情、类似经历的人交往呢？当人们与和自己持有相似观点的人交往时，能够得到对方的肯定，增加"自我正确"的安心感。他们之间发生冲突的机会较少，容易获得对方的支持，很少会受到伤害，比较容易获得安全感。

此外，有相似性情的人容易组成一个群体。人们试图通过建立相似性的群体，以增强对外界反应的能力，保证反应的正确性。人在一个与自己相似的团体中活动，阻力会比较小，活动更容易进行。

所以，每个人都喜欢与自己相似的人。如果你想与他人建立亲善关系，不妨把自己"变成"他人，让你们拥有相似的地方，这样能迅速拉近距离，增进感情。

"进门槛"效应：先提小要求再提大要求

曾有社会心理学家做过一个经典而又有趣的实验，他们派了两个大学生去访问加州郊区的家庭主妇。

实验过程是这样的：首先，其中一个大学生先登门拜访了一组家庭主妇，请求她们帮一个小忙：在一个呼吁安全驾驶的请愿书上签名。这是一个社会公益事件，每年死在车轮底下的人不知道有多少！不就是签个字吗，太容易了。于是绝大部分家庭主妇都很合作地在请愿书上签了名，只有少数人以"我很忙"为借口拒绝了这个要求。接着，在两周之后，另一个大学生再次挨家挨户地去访问那些家庭主妇。不过，这次他除了拜访第一个大学生拜访过的家庭主妇之外，还拜访了另外一组家庭主妇。与上一次的任务不同，这个大学生访问时还背着一个呼吁安全驾驶的大招牌，请求家庭主妇们在两周内把它竖立在她们各自的院子的草坪上。可是，这是个又大又笨的招牌，与周围的环境很不协调。按照一般的经验，这个有点过分的

要求很可能被这些家庭主妇拒绝。毕竟，这个大学生与她们素昧平生，要求她们帮这么大的忙，真的有些难为她们。实验结果是：第二组家庭主妇中，只有17%的人接受了该项要求。但是，第一组家庭主妇中，则有55%的人接受了这项要求，远远超过第二组。

对此，心理学家的解释是，人们都希望给别人留下前后一致的好印象。为了保证这种印象的一致性，人们有时会做一些理智上难以解释的事情。在上面的实验中，答应了第一个请求的家庭主妇表现出了乐于合作的特点。当她们面对第二个更大的请求时，为了保持自己在他人眼中乐于助人的形象，她们只能同意在自家院子里竖一块粗笨难看的招牌。

这个实验告诉我们，一个人一旦接受了他人的一个小要求之后，如果他人在此基础上再提出一个更高一点的要求，那么，这个人就倾向于接受更高的要求。这样逐步提高要求，就可以有效地达到预期的目的。心理学家把这种对别人提出一个大要求之前，先提出一个别人很容易接受的小要求，从而使别人对进一步的较大的要求更容易接受的现象称为"进门槛效应"。

为什么会发生"进门槛效应"呢？当你对别人提出一个貌似"微不足道"的要求时，对方往往很难拒绝，否则，似乎显得"不近人情"。而一旦接受了这个要求，就仿佛跨进了一道心理上的门槛，很难有抽身后退的可能。因此当再次向他们提出一个更高要求时，这个要求就和前一个要求有了顺承关系，让这些人容易顺理成章地接受。在这种情况下，比乍一上来就提出比较高的要求，更容易被人接受。

日常生活中有许多利用"进门槛效应"的例子。比如一个推销员，当他可以敲开门，跟顾客进行交谈时，其实，他已经取得了一个小小的成功。在这种情况下，如果他能够说服顾客买一件小东西的话，那么，他再提出进一步的要求，就很可能被满足。为什么呢？因为那位顾客之前答应了一个要求，为了前后保持一致，他的确会有较大可能性接受进一步的要求。男士在追求自己心仪的女孩时，也并不是"一步到位"提出要与对方共度一生的，而是逐渐通过看电影、吃饭、游玩等小要求来逐步达到目的的。

第五章

聪明人的身体语言心理学

面对面的沟通中，身体语言所传达的信息更准确

美国行为学家斯泰恩将非言语沟通中的显性行为称为身体语言，亦称体语。主要包括眼神、手势、语调、触摸、肢体动作和面部表情这类显性行为。肢体语言虽然无声，但具有鲜明而准确的含义，它与我们每一个人的生活息息相关。

譬如，星期天，忙碌了一上午的妻子吃完午饭后刚睡着，丈夫轻轻打开窗户准备让正在楼下玩耍的女儿回家做作业。为了不吵醒妻子，丈夫没有大声呼喊女儿，而是朝她招了招手，女儿看见爸爸的手势后，顿时明白了爸爸的意思，便迅速朝家走来。这时，丈夫抬手一看表，不到一点半，心想还可以让女儿再玩一会儿，于是，丈夫又向正朝家走来的女儿挥挥手。女儿看见爸爸的这个手势后，稍微一想，便又掉转头，兴高采烈地和伙伴们玩去了。整个过程丈夫没有说一个字，仅凭手的两个简单动作，便和女儿完成了两次沟通。

同理，大街上的交通警察指挥来来往往的汽车和行人，靠的也是这种无言的体语。而一些目的性很强的动作，则完全可以看作是一种行为的信号。譬如，书店里，某一个人踮着脚去拿书架

上的一本书，我们知道，他想看看这本书。尽管他已把脚踮得很高，但还是够不着。这时，他旁边身材较高的营业员注意到了他的这个动作，于是，从书架上拿了那本书递给了这位顾客。营业员是怎么知晓这位顾客心理的呢？因为顾客踮脚的动作表现了一种难以被人忽视的窘境："我需要帮助！"

不同于有声语言的蕴涵性和委婉性，我们身体所表达的话语是鲜明而准确的，尽管这一点我们经常意识不到。有时候肢体语言一旦和有声语言相结合，能准确传达话语者内心思想和情感的不是有声语言而是体语。如，一位年轻女孩告诉她的心理医生，她很爱她的男朋友，与此同时却又下意识地摇着头，从而否定了她的话语表达。可见，要想真正了解交谈对象的话语意思，在认真倾听其述说的同时，还必须认真解读对方的体语。她的一颦一笑、举手投足，都在传达着她的真实想法。

"在没有得到任何证据的情况下是不能进行推理的，那样，只能是误入歧途。"这是文学经典形象福尔摩斯侦探的名言。福尔摩斯是作家柯南·道尔笔下的神探，他的神奇之处就在于他可以凭借指甲、外套的袖子、脚上的靴子、膝盖处的褶皱、食指和拇指上的老茧，以及面部表情和种种行为判断人的内心活动。

"假如在得到所有这些信息的情况下，竟然还是无法对这些信息的主人做出准确的判断，我认为，这一定是天方夜谭。"福尔摩斯如是说。

为什么他有如此大的信心呢？因为他内心十分清楚人的身体

语言密码所拥有的巨大力量。犯罪嫌疑人可以制造出种种口头的谎言，但是却没有办法控制住自己的身体语言。不经意中他们就会把内心的秘密泄露在一个眼神，或者一个看似没有深意的手势里。与一般人相比，福尔摩斯的优势就在于他懂得从人的身体语言来分辨他是否在说谎，同时从这些不说谎的信号里知道对方的真实想法。

告别了福尔摩斯，我们再来看看卓别林。卓别林是无声电影时代最伟大的电影明星。他塑造了一个又一个的大银幕经典形象。只要提起他的名字，我们就会回忆起那个穿着破烂的燕尾服，迈着八字步的形象。

与今天音画俱全、推崇技术的电影相比，卓别林的电影受时代和技术的限制，没有声音也没有色彩。但是，这些并没有影响到卓别林对故事的讲述，我们还是能看到一个个结构精巧、感人至深的故事。那么，你不会感到惊奇吗？他是凭借什么在无声的世界里把这些故事完整地叙述出来的呢？

这些问题的答案，既简洁又内涵丰富，那就是身体语言。卓别林就是使用丰富的肢体语言把人物的感情、想法、经历一一呈现在观众眼前。观众没有感觉有缺憾，也并不会觉得唐突，而是被他的一举一动所感动。演员的肢体表现也就是无声电影的灵魂。

从福尔摩斯到卓别林，我们一再提及一个词——身体语言。而我们总是过分重视口头内容表达，而忽略了身体语言的能量之大。福尔摩斯与卓别林给了我们新的启示，在与人面对面交流沟通时，即使不说话，我们可以凭借对方的身体语言来探索他内心的秘密，对方也同样可以通过身体语言了解到我们的真实想法。所以，开始注意去探究身体语言的密码！那些曾经被你忽视的非语言信息才是读懂对方心思的最可靠的资源。

言语的意义比不上声音，而声音的意义比不上肢体语言

　　人际沟通包括许多方面，言语沟通和非言语沟通是其中最主要的两个方面。口头语言和书面语言是言语沟通的两种主要方式，非言语沟通则主要包括眼神、手势、语调、触摸、肢体动作和面部表情这类显性行为，以及通过空间、服饰等表露出来的非显性信息。

　　口头语言往往被人们认为是最直接的交流，在与他人沟通中发挥着重大的作用，其实，语言是出于人的主观的，是最不可靠的信息，有时甚至可以蛊惑人心。就像那么一类人，他们当面恭维你，背后则诋毁你，"两面三刀"的例子不胜枚举。因为人们能够通过逻辑思维任意修饰自己的语言，为了能达到自己的目的，难免会增加语言的虚假成分。同这类人交往时，如果你能更留意一些，就会发现这些人言不由衷的声音和其他表示排斥的动

作。也就是说，他的声音和身体在告诉你完全相反的含义。在这种场景下，你该相信哪一个？

最佳的建议，就是相信他的身体。因为，人身体的动作是自发的，难以控制的。即使有人想通过长期的训练，控制自己的身体，这也是相当困难的。人的身体语言太过复杂，所包含的细节太多，即便你刻意控制了其中的一个细节，你隐藏的信息也会在另一些细节上表现出来。

言语有时会是谎言，和真实想法不一样。而一般来说，身体语言则不会出现"口是心非"的现象，也不会撒谎，它比经过理性加工的有声语言更能表现一个人内心真实的情感和欲望。一个人内心的真实情感和欲望总是通过身体来直接表达的，身体首先会对我们的感觉和情绪做出反应和判断，然后才会做出具体的姿势。

总体上来说，身体语言符合人们的内心活动。有声语言同身体语言的矛盾主要产生于逻辑——数字化秩序之间的对立，或是经过定型化训练与内心活动之间的对立。如果我们不能在对立之间做出抉择，就会在身体语言上出现矛盾状态。如，当一个人问别人是否需要他准备啤酒时，却坐在椅子上一动不动，可能很少有人会相信他真的愿意去准备啤酒。因为他如果真的愿意的话，至少有一定的行动，比如从椅子上站起来。再如，当一个人想逃避别人审视的目光，或是掩饰自己的尴尬状态时，他往往会避开对方的目光。然而逃避倾向的加剧，以及害怕暴露自己的逃避意图，其逃避动作又会受到一定的遏制。

由此可见，虽然我们能控制身体某些部位的动作，但不能同时控制身体所有部位的动作。因而一旦内心真实想法和有声语言发生矛盾，我们的身体语言就会通过我们无法控制的一些部位展现出内心和有声语言发生的种种矛盾。

所以，正如精神分析学派的鼻祖弗洛伊德所说，要想真正了解说话者的深层心理，即无意识领域，仅凭有声语言是不够的。因为有声语言往往把话语表达者所要表达意思的绝大部分隐藏了起来，要想真正了解话语表达者所述话语的意思，必须把有声语言同体语相结合。

20世纪50年代，美国加利福尼亚大学洛杉矶分校的心理学教授阿尔伯特·麦拉宾在《沉默的语言》一书中指出："人的感情和态度能用声音表达的只有不到40%，而无声的肢体动作表达的能达到50%。可见，身体的动作对于人们表达自己的感情起着主导的作用。尽管大多数研究人员都认为，日常生活中应当注意身体动作的沟通，但人们却对此并不在意。"

记住，身体语言是绝对坦诚的，能将每个人真实的情绪暴露在他人面前，甚至用谎言也无法掩盖。身体语言对于人们的沟通的确有着不可忽视的意义。所以，如果你能充分识别和掌握身体语言，你也可以当一个占卜师，你也可以掌握这一读懂对方心思的读心术。

模仿对方的动作，能够拉近心理距离

现在需要你闭上眼睛细想一下，在言情片中经常会出现的约会场面：一对甜蜜的恋人坐在茶馆或者咖啡厅里面，悠闲自在地品尝着香茶或咖啡。他们的表情动作会有什么特别之处吗？

他们是不是时不时地做着同一种表情或同一个动作，就像是镜外的人和镜里的影一样？一方用手摸摸头发，另一方也用手摸摸头发；一方跷起二郎腿，另一方也跟着跷腿；一方捂着嘴笑起来，另一方也跟着捂着嘴笑；一方举起了杯子，另一方也随之举杯……

想到或者看到这样一幅画面，你有什么感觉或想法？是不是感觉很温馨、很浪漫，感觉这两个人关系非常亲密、相互爱慕、心心相通？相信很多人都会有这种感觉。这是为什么呢？其实，这是因为他俩的步调是如此的一致，从读心的角度来讲，这种感觉是有道理的。

想想会议中人们的表情，对某种意见持赞成态度的人和持反对态度的人，是不是往往各自做出相反的动作？赞成的那部分人面带微笑，不断地点头示意；反对的那部分人紧锁着眉头，紧闭着嘴唇……

再想想生活中常会遇到的情景，去商场购物或去某展览会参观，你看上了一件物品，另一个人也看上了这件物品，你俩一同走近这件物品，一边看一边发出啧啧的赞叹声，"真漂亮"，就几秒钟，你们便互生好感，颇有点英雄所见略同的感觉。

在日常生活中，通过人为地制造"同步行为"，可以拉近彼此的心理距离，赢得对方的好感，让双方的交谈在不经意间变得和谐愉快。

作为下属，很多人都纳闷儿：为什么自己欣赏的领导也欣赏自己，自己不喜欢的领导也不喜欢自己？其实，这其中，"同步行为"就在发挥作用。你向领导传递了欣赏，领导感觉到了，对你有了好感，也试着以欣赏的眼光看你。由此推理，如果想得到领导的认可与欣赏，你首先应该认可、欣赏领导。你不妨这样做：与领导在一起时，当领导无意中做出某个动作时，你也跟着做某个动作；领导做出某种表情，你也以同样的表情回应。作为领导，有时故意与下属同步也很必要。比如，某下属在你面前很紧张，你不妨摆出与其一致的姿势，拉近彼此的心理距离，缓解下属的紧张情绪。

对于有利益往来的双方，"同步行动"的魅力也丝毫不减。在推销或谈判过程中，如果你的请求或劝说得不到回应，不妨故意制造一些"同步行为"，快速攻破对方的心理防线。比如，对方翻阅文件，你也翻阅文件；对方脱下外套，你也脱下外套；对方将视线投向窗外，你也掉头欣赏窗外景色。如此反复几次，自然会引发对方的好感，缓和矛盾，使对方乐于接受你的意见，满足你的请求。不过，在效仿对方的举止时，要注意不露痕迹，否则，让人误认为你是在故意取笑他或讨好他，反而坏事。

点头如捣蒜，表示他听烦了

点头是最常见的身体语言之一，它可以表达自己肯定的态度，从而激发对方的肯定态度，还可以增进彼此合作的情感交流。点头能够表达顺从、同意和赞赏的含义，但并非所有类型的点头姿势都能准确传达出这一含义。

当你表达观点时，你的听众偶尔会慢慢地点两下头，这样的动作表达了对谈话内容的重视。同时因为每次点头间隔时间较长，还表现出一种若有所思的情态。如果你在发言时发现你的听众很频繁地快速点头，不要得意，因为对方并非就是赞同你的观点，他很可能就是已经听得不耐烦了，只是想为自己争取发言权，继而结束谈话。

刚刚大学毕业的明宇去一家单位面试，负责面试的是一个年轻女孩。问了几个常规问题后，她话锋一转问起明宇的兴趣爱好。明宇随便聊了几句法国小说，张口雨果闭口巴尔扎克和她聊了起来。年轻考官好像很感兴趣，对他不住地点头，明宇仿佛受到了鼓舞。话题轻松，聊的又是明宇的"强项"，他有些有恃无恐，刚进大学那阵子猛啃过一阵欧洲小说，觉得还真帮上大忙。见考官这么有兴致，明宇当然奉陪。眼看临近中午，年轻的面试官不住地点头、不停地看表，明宇还没有停下来的意思，原定半小时的面试，他们谈了一个多钟头。面试结束，考官乐呵呵地说："回去等消息吧。"明宇也乐呵呵地说："希望以后有机会再聊。"明宇回去悠闲地等，最终也没有等到复试的通知。

从这个例子可以看出，明宇在表达的时候不顾及他人的肢体语言传达出的感受，一厢情愿地侃侃而谈，如此会错了意又怎么会有好的谈话效果？同时，经过心理学家的实验证实，当对方做"点头如小鸡啄米"这个动作时，当他快速地点头的时候，他其实很难听清你在说什么。被父母唠叨的小孩子身上也能经常见到这样的动作，当父母说"你不能……"的时候，孩子会频频点头，嘴里叨念着"知道了，知道了"。这样的动作恐怕真是答应得快、忘记得更快了。

点头的动作具有相当的感染力，能在人的心里形成积极的暗示。因为身体语言是人们的内在情感在无意识的情况下所作出的外在反应，所以，如果他怀有积极或者肯定的态度，那么他说话的时候就会适度点头。

不露齿微笑，是拒绝的前兆

笑是人类与他人交流的最古老的方式之一。而微笑作为一种受到最广泛理解的正向性表情，在所有的文化语境里，人们都用它来表示高兴与快乐。正因为如此，心理学家把"微笑"视为人际交往中的一种常用方式，无论是何种文化背景下的人，它都可以付出，也可以接受。

一项针对人类近亲黑猩猩所展开的研究显示，其实微笑的功能并不仅止于此，它还有更深层次的基本作用。事实上，不同的笑容代表不同的含义，这和笑容的展现方式有关。让我们来看看各种不同笑容所代表的含义。

1. 常见而普通的笑

这类笑在日常生活中最为常见，通常是表示谢意、歉意或友好，如坐车时你给老人让了座位，他会对你抱以浅浅的微笑，以示感谢；别人不小心碰撞了你，他会面带微笑地看着你，以示自己的歉意；当朋友为你介绍某一个人时，你会面带微笑地看着对方，以示自己的友好，诸如此类的微笑还有很多很多。

2. 冷冷的鼻笑

所谓鼻笑，即笑声从鼻子里发出来。多见于一些人在严肃、正式的场合看到了可笑的人或事，但又不能哈哈大笑出来，而只能强行忍住，通过鼻子发出来。此外，一些性格内向的人也喜欢使用此种笑的方式。他们之所以偏爱此种笑的方式，根本原因就在于他们担心自己笑的方式如果过于夸张会引起他人的注意，这就会让他们感到非常不舒服或不自在。

3. 暗自偷笑

所谓偷笑，顾名思义，是指私底窃笑，笑声较低也不长。多见于某人看到一件事情有趣而可笑的一面，而其他人却浑然不觉。不过，有时候，一些人在看见别人遭到批评、失败，或是处于某种尴尬情景之中时，他们也会发出此种笑。所以，偷笑有时又有幸灾乐祸的味道。

4. 轻蔑地笑

此种笑多为人们所鄙视，但在生活中却很常见。笑时鼻子朝天，一副"自以为天下第一"的表情，并轻蔑地看着被笑的一方。那些有权有势、高傲或自视清高的人在看见权势低下或地位卑微的人往往会发出此种笑。此外，在某些特定的情况下，正义的一方在面对邪恶力量的威胁、恐吓时也会露出此种笑，以示对他们的鄙视、轻蔑之意和自己勇敢、大无畏的精神。

5. 哈哈大笑

一种非常爽朗、豪放的笑，在生活中也十分常见。当你遇到非常高兴的事，或是终于实现了自己的某个理想、愿望，通常会发出此种笑声。不过，有些时候，此种笑声带有一种威压感，会震慑他人，从而使人心生戒备。

轻易点头也许是想拒绝请求

点头和摇头在人们的日常生活中很常见，然而在现实生活中，这点头的含义还需要细细揣摩，在很多时候点头并不表示同意，而轻易点头更有可能是一种无声的拒绝。

你向别人提出一个请求，他还没听完就频频点头说自己"知道了"，千万别急着高兴，他多半并没有真正想帮助你。这很明显就是一种应付式的答应，其真实含义为含糊式的拒绝。反之，当我们要接受一个人的请求时，总是有耐心地听他讲完，然后根据问题的难易程度来决定该怎样做。

一位保险推销员对此深有体会。他说："我向人推销保险时，话未说完，对方点头说，好吧，我们考虑考虑再给你答复。其实他对我的话并不感兴趣，已经不耐烦了。这时我要做的是适时改变话题，或者另找时间。"

晶晶和小凯结婚7年后，小凯出轨了。每次晶晶一哭二闹三上吊的时候，小凯都会不住地点头说，行了，行了，我不再和她来往了。但是答应归答应，小凯和第三者的联系从未断过。晶晶每次都和闺蜜哭诉："他明明答应了，明明答应了的……"从这个例子可以看出，当你看到对方轻易点头，并表示答应时，不要被表象迷惑，其实有时候这只是一种敷衍。通常情况下，你的话还未说完，对方却连续地点头说"好的，好的……"，或者心不在焉地说"行，就这样吧"，你的头脑中会产生不祥的预感，感觉心里没底。非常不相信对方做出的承诺的真实性，总感觉对方根本就没有听明白其中的意思或者深思其中的含义，而且所表现出来的更多的是无奈和敷衍。

一条眉毛上扬，表示对方在怀疑

眉毛的主要功用是防止汗水和雨水滴进眼睛里，除此之外，眉毛的一举一动也代表着一定的含义。

毕业论文答辩会上，小吴发现自己在陈述时，一名评分教授一条眉毛一直上扬。这一动作让小吴分外紧张，她开始强烈地怀疑自己的论文水平。答辩结束以后，很多同学都说到了一条眉毛上扬的教授。看来这个教授在听每个人的答辩时都眉毛上扬。

如果这位教授只对小吴做出了这个表情，那么表示他是在怀疑，可能是因为他并不认同小吴的论点。但所有的同学都开始反映这个问题时，眉毛上扬的动作很可能就只是他的一种习惯。两条眉毛一条降低，一条上扬，它传达的信息介于扬眉和低眉之间，半边脸激越、半边脸恐惧。

每当我们的心情有所改变时，眉毛的形状也会跟着改变，从而产生许多不同的重要信号。眉飞色舞、眉开眼笑、眉目传情、喜上眉梢等成语都从不同方面表达了眉毛在表情达意、思想交流中的奇妙作用。观察对方眉毛的一举一动在第一次见面时就可以把对方的性格猜个八九不离十，你若是精明人就很容易捕捉以下的细节：

1. 低眉

低眉是一个人受到了侵犯时的表情，防护性的低眉是为了保护眼睛免受外界的伤害。

在遭遇危险时，光是低眉还不够保护眼睛，还得将眼睛下面的面颊往上挤，以尽最大可能提供保护，这时眼睛仍保持睁开并注意外界动静。这种上下压挤的形式，是面临外界袭击时典型的退避反应，眼睛突然被强光照射时也会有如此的反应。当人们有强烈的情绪反应，如大哭大笑或是感到极度恶心时，也会产生这样的反应。

2. 眉毛打结

指眉毛同时上扬及相互趋近，和眉毛斜挑一样。这种表情通常代表严重的烦恼和忧郁，有些慢性疼痛的患者也会如此。急性的剧痛会产生低眉而面孔扭曲的反应，较和缓的慢性疼痛才产生眉毛打结的现象。

3. 耸眉

耸眉可见于某些人说话时。人在热烈谈话时，差不多都会重复做一些小动作以强调他所说的话，大多数人讲到要点时，会不断耸起眉毛，那些习惯性的抱怨者絮絮叨叨时就会这样。如果你想通过对方的面部表情了解一些潜在的信息，眉毛就是上佳的选择。

4. 轻抬眉毛

《老友记》里的主人公之一乔伊，因其丰富、幽默的面部表情给观众留下了深刻的印象，他不善言辞，经常话到嘴边却不知道用什么词语来表达，但他丰富有趣的面部表情却准确地传达出了自己的想法，仅仅是眉毛上的动作就有很多种。当他遇到自己心仪的美女时，会微笑着，轻抬一下眉毛，不用说话，对方就知道他对自己有好感。

轻抬眉毛的动作从远古时代就已经广泛使用了，当你向距离稍远处的人打招呼的时候，会不由自主地使用这个动作，迅速地轻轻抬一下眉毛，瞬间后又回复原位，这个动作可以把别人的注意力引到你的脸上，让他明白你正在向他问好。

习惯性皱眉的人，需要感性诉求

"眉头"两个字常被用来形容人情绪的跌宕起伏，"才下眉头，却上心头""枉把眉头万千锁""千愁万恨两眉头"……基本用到眉头一词，就脱离不了愁字。

当然，皱眉代表的心情除了忧愁之外还有许多种，例如：希望、诧异、怀疑、疑惑、惊奇、否定、快乐、傲慢、错愕、不了解、无知、愤怒和恐惧。皱眉是一种矛盾的表情，两条眉毛彼此靠近，中间还有竖纹。紧张的眉间肌肉和焦虑的情绪都无法得到放松。其实，一般人不会想到皱眉还和自卫、防卫有关，而带有侵略性的、畏怯的脸，是瞪眼直观、毫不皱眉的。

相传，四大美女之首西施天生丽质，禀赋绝伦，连皱眉抚胸的病态都楚楚动人，亦为邻女所仿，故有"东施效颦"的典故。在越国国难当头之际，西施以身许国、忍辱负重，皱眉是情绪的自然反应，也是内心世界恐惧的流露，是带着防卫心态的，对他人走近自己带着些许的抗拒。

研究发现，眉毛离大脑很近，最容易被大脑的情绪牵引，眉毛的动作是内心世界变化的外在体现。下面，你可以从皱眉的细微差别中观察个性的心理表现。

1. 听你说话时锁紧双眉

如果他在你说话的时候锁紧双眉，通常这表示你的话有些地方引起他的怀疑或困惑。缓慢的语速，真挚的话语往往可以打动他，消除他的疑惑。

2. 自己说话时紧皱眉头

这样的人不是很自信，他希望自己的话不会被你误解，也渴望你能给他肯定。用更直白的方式诠释他说过的话，当他清楚明白时，你们的沟通将会更加顺畅。

3. 手指掐着紧皱的眉心

他个性上通常带着神经质的成分，常犹豫不决，常常后悔自己的决定。遇到这样的人，你要做好心理准备，与他沟通将是一个长期的过程，需要花费更多的时间和精力来消除他的顾虑。

如果你想通过对方的面部表情了解一些潜在的信息，眉毛就是上佳的选择。额头的皮肤最薄，一有轻微动作就会展现在眉头上，眉头一皱，眼睛因挤压而缩小，总给人忧郁的感觉。所以，习惯性皱眉的人，往往需要更多的感性诉求。只有他卸下了防卫的面具，才能放弃心底最后的挣扎，下次你不妨从眉间找奇迹。

鼻孔扩张的人情绪高涨

有位研究身体语言的学者，为了弄清鼻子的"表情"问题，他在车站、码头、机场等不同的地方观察各种鼻子，专门做了一次观察"鼻语"的旅行。据他观察，人的鼻子是会动的。例如，在你和人沟通的过程中，你发现他鼻孔扩张，这表明他的情绪非常高涨、激动，他正处于非常得意、兴奋或者是气愤的状态。从医学的角度上看，人在兴奋和气愤的情况下，呼吸和心跳会加速，从而引起鼻孔扩张。

不只是人类，动物有时也会用鼻子来表达情绪。在动物的世界里，如果你仔细观察的话，一定会发现大多数动物喜欢用龇牙和扩张鼻孔来向对方传递攻击信号，尤其是像黑猩猩这样的灵长类动物，每当它们生气发怒的时候，往往会将鼻孔扩张得很大。从生理学上来说，它们这样做是为了让肺部吸入更多的氧气，但是，从心理学上来说，它们正处于情绪高涨的状态，这是在为战斗或逃跑作准备。

除了鼻孔扩张之外，还有歪鼻子，这表示不信任；鼻子抖动是紧张的表现；哼鼻子则含有排斥的意味。此外，在有异味和香味刺激时，鼻孔也会有明显的动作，严重时，整个鼻体会微微地颤动，接下来往往就会出现打喷嚏的现象。

研究还发现，凡有高鼻梁的人，多少都有某种优越感，他们很容易表现出情绪高涨、饱满的状态。关于这一点，有些影视界的女明星表现得最为突出。与这类"挺着鼻梁"的人打交道，比跟低鼻梁的人打交道要稍难一些。而在思考难题、极度疲劳或情绪低落的时候，人们会用手捏鼻梁。这些鼻孔的变化、触摸鼻子的动作，是了解他们身体语言的法宝。

由此可见，鼻子虽然是人体五官中最缺乏运动的部位，但也是有着自己的语言的。当你观察一个人时，不妨从鼻子的语言入手去看透对方。

瞳孔扩张，表示对你的谈话感兴趣

日常生活中我们很容易观察到别人的手势、坐姿、表情等身体语言，而对于眼睛的观察只是停留在暗淡无光或是炯炯有神的层面上，其实人的瞳孔里还有很多值得我们去发掘的信息。人的眼睛通过数条神经与大脑连接，它们从外部获取信息，然后通过神经把信息传递给大脑。受到刺激的大脑又反馈信息给瞳孔，于是人的心理也就在瞳孔上表露出来。

美国芝加哥大学研究瞳孔运动的心理学家埃克哈特·赫斯发现，瞳孔的大小是由人们情绪的整体状态决定的。如果有一天，你兴致勃勃地和某人聊天，发现他的瞳孔扩张，认真聆听你的谈话，这表明他对你的谈话非常感兴趣，你可以继续发表你的言论。晓月在电脑城卖电脑，她向顾客推荐新产品时，她会一边介绍，一边留意顾客瞳孔的变化，如果她发现顾客在听她讲解的时候瞳孔明显变大，心里就会窃喜，因为她知道她的推销成功了，顾客对她的谈话和她推荐的商品都很感兴趣，她会把价钱要得很高。

由此可见，细心的你可以通过他人瞳孔的变化发现生活中其他的有趣现象。例如，一个性取向正常的人，不管是男人还是女人，只要他们看到异性明星的海报，瞳孔便会扩张，但若看到同性明星的海报，瞳孔就会收缩。同样，当人们看到令人心情愉快或是痛苦的东西时，瞳孔也会产生类似反应。比如，看到美食和政界要人时瞳孔会扩张；反之，看到战争场面时瞳孔会收缩，在极度恐慌和极度兴奋时，瞳孔甚至可能比常态扩大 4 倍以上。婴儿和幼童的瞳孔比成年人的瞳孔要大，而且只要有父母在场，他们的瞳孔就会始终保持扩张的状态，流露出无比渴望的神情，从而能够引来父母的持续关注。

一般来说，当人们看到对情绪有刺激作用的东西时，瞳孔就会变化。赫斯还指出，瞳孔的扩张也与心理活动密切相关。例如，某个工程师正在冥思苦想努力解决某个技术难题时，当这一难题终于被攻破的那一刹那，这位工程师的瞳孔就会扩张到极限尺寸。

很多玩牌的高手之所以能屡战屡胜，最主要的原因就在于他们善于通过观察对手看牌时瞳孔的变化来揣摩对方手中牌的好坏。他如果看见对方看牌时瞳孔明显扩大，则可基本断定对方拿了一手好牌，反之，当他看见对方看牌时瞳孔明显缩小，据此他又可以断定对方的牌可能不太好。如此一来，自己该跟进还是该扔牌，心里也就有底了。如果对手戴上一副大墨镜或太阳镜，那些玩牌的高手可能会叫苦不迭。因为他们不能通过窥探对方瞳孔的变化来推断对手手中牌的好坏。如此一来，他们的获胜率肯定会直线下降的。

这一点还体现在青年男女约会上，如果你的约会对象在注视你的时候，眼神温柔、瞳孔扩大，那基本可以断定他是喜欢你的。关于瞳孔扩张的这一发现被研究引入了商业领域，人们发现瞳孔的扩张会令广告模特显得更有吸引力，从而吸引更多的顾客购买商品。因此，商家通常将广告照片上模特的瞳孔尺寸修改得更大一些，有助于提升产品的销量。

有句老话说，在和别人说话时，要看着对方的眼睛。是的，如果他在和你交谈时，瞳孔扩张，那真要恭喜你，这表明他对你的谈话很感兴趣。下次，要"好好看看对方的瞳孔"，因为瞳孔从不说谎。

求人办事时，在激将法上做文章

激将法是别人在不愿表态、讲话时，用来引发其讲出话来的一种有效方法，借以打开对方的"话匣子"。在外交，商务谈判中经常用到这种方法，在求人办事时也不妨用一下这种方法，以一语刺激对方做出有利于己方的反应。按激将的内容、形式可分为：反语式激将法、贬低式激将法、及彼式激将法等3种主要类型，在办事时使用这3种方法往往能起到"请君入瓮"的效果。

1. 反语式激将法

是以正话反讲，用故意扭曲的反语信息和反击的语气表述自己的意念，以激起对方发言表态，达到预期目标的方法。一家中外合资公司的总裁与一家乡镇企业厂长的洽谈正体现了反语式激将法的妙处。

厂长："总裁先生赢利的魄力，的确比我们这些乡下佬大得多，简直是一个大如牯牛，一个小如毫毛。这么大的魄力，虽然让我们佩服，但我们实在不敢奉陪，只能收回土地，停止合作。"

总裁："好吧，我再让利一成。"

厂长："不行，按我方投资比例，应当让利两成。"

总裁："行，本公司原则上同意。"

厂长不说对方"黑心贪利"，而说其反语"魄力大"，又以"不敢奉陪"的"哀兵"战术以退为攻，激发对方就范入瓮。

2. 及彼式激将法

是以一种推己及人、将心比心的心理效应，激发对方做角色对换，设身处地同意他人的语言反馈。

及彼式的激将成功，正在于由己及彼，再由彼及己的有效反应。

3. 贬低式激将法

这是说话人的一种善意贬低他人，促使发话生效，从而达到效果的言语激将方法。

某厂改革人事制度，招聘车间主任，工人们都希望一位年轻有为的技术员受聘，可这位技术员就是犹豫不决。一位老工人冲着他当众发了言："我说你啊，厂里花了上万元送你上大学，学了一手本领，连个车间主任都不敢当，真是窝囊废！"结果这个技术员在一激之下，终于揭榜出任了车间主任，果然不负众望。后来，他在一次授奖表彰大会上谈体会时说："厂里出钱培养我，车间广大工人师傅信任我，我怎么能甘当一个窝囊废呢！"

我们常说，某某的嘴很甜，某某真会说话。其实说的是这个人能够恰如其分地夸奖或称赞他人。在求人办事时，为了拉近彼此间的心理距离，让对方能顺利地答应你的要求，办成事，我们不妨称赞他几下，让他飘起来。那么怎么样才能够恰如其分称赞他人呢？

人们发现，自我意识强，警觉性高的人，老于世故，难以相处。遇到这种人，不妨投其所好，因为对他说几句好听的奉承话于己无损。切忌过火，也切忌过分，短短一触，有时并不能得到预期效果，要做到让对方自己入壳，逐步陶醉，逐步忘我，得意扬扬。

被人过分地夸奖，最初你可能有酥痒酥痒的感觉，稍稍过后，便会越想越不对劲，简直有被揶揄、有立刻予以否定的冲动。愈是在自己受人过分赞美时，愈感到自己不被了解，甚至有种被他人捉弄的感觉。

不要过于直截了当，例如说"你是这么聪明的人，一定难不倒，能不能告诉我答案。"让对方觉得你的主要目的不是恭维，别人更容易相信你的恭维。

有时候恭维对方的成功效果更好。与其恭维对方的容貌，不如恭维对方的品位和能力。因为品味和能力是自己后天培养出来的，而容貌却是父母给的，不是自己的成功。例如说"你的身材很好"，就不如说"你的穿着非常得体"。

　　注意恭维不能过多，恭维话过多，对方会觉得不自在，也会认为你惯于使用花言巧语，因而不信任你。恭维得过多，还会妨碍谈话。例如你频频跟对方说"你真漂亮"或"你好聪明"，对方就得频频表示客气，或者频频回报你的恭维话，你们之间的谈话就往往无法进行下去。

　　恭维话要有新意，例如有一头秀发的女孩最常听到的恭维话是"你的头发好漂亮！"而如果你说："你的一头乌发配上一双明亮的眼睛，真是太吸引人了！"这就有新意了。

　　在对方想听到恭维话时，不要令其失望。例如你的朋友对你说："我昨天买了一套西服，你看怎么样？"这时即使你觉得不以为然，也千万别说"不怎么样"或者什么别的话。你应该说："难怪你一进来，我就觉得你今天怎么特别的精神。"

　　对方的名字是恭维的话题，如果别人刚刚介绍你认识对方，这时你不妨恭维一下对方的名字如何如何。这样会使对方觉得你对他很有兴趣。

　　不必说话也可表示恭维，眼光注视对方，流露出正在倾听对方讲话的表情，会让对方意识到自己的重要，这是"无声胜有声"式的恭维。

留心对方的反应，当对方听到你的恭维显得不自在或不耐烦时，就不要再说下去了。

演讲时设置悬念，激发听众兴趣

演讲时，如果一味平铺直叙，一本正经地讲下去，有时是很难吸引听众的，这里不妨吊一下群众的胃口，设置悬念以引起听众的兴趣。

所谓悬念，是人们急切期待明白某种事物发生、发展、结局的心理状态。即兴说话时巧设悬念，可以勾起读者的迫切期望和悬念意识，使读者产生浓厚的探究心理和倾听兴趣。

构成悬念的因素是多种多样的：

1. 突兀的提问构成悬念

问题总是听者所关注的，特别是那些与听者的工作、生活密切相关的问题，而问题仅仅是个"？"（问号），还需要有下文。所以，问题本身就是悬念。问题提出得越突兀，悬念的吸引力就越强。

2. 以新鲜、奇异的事物构成悬念

新鲜、奇异的事物后面，隐藏着新事为什么新、奇事为什么奇的悬念。构思即兴说话的悬念，精心选择、运用新奇事实材料，可使悬念高高吊起读者的倾听"胃口"。

3. 以鲜明的对比差异构成悬念

对比差异就是矛盾。越是鲜明的对比，越是悬殊的差异，就越引人注目，就越能强烈地吸引听众去探究原因，推动听众去了解矛盾的发生、发展和最后结局。

4. 以越轨、反常行为构成悬念

正常的事人们不足为奇，超越常规，一反常理、常态的行为，人们就要感到好奇了。构思即兴说话的悬念，巧妙借助越轨、反常的事实材料，可收到出人意料、引人入胜的效果。

5. 以惊人的结论构成悬念

以倒叙方式布局的说话，常采用这种思路设置悬念。听众被惊人的结论所吸引，就会进一步去研究这个结论是凭什么得出来的。所谓惊人的结论，不外乎言别人所不能言、不敢言、说别人欲说但尚未说，讲别人心中所有而言中所无的肯定或判断之语。

某大学举办写作知识讲座，主讲老师在谈到细节描写时，首先提出了一个悬念："请问同学们，男生和女生回到宿舍时，摸钥匙开门的动作有什么不一样呢？"台下的大学生们活跃起来了，有的私下议论，有的举手回答，有的干脆掏掏口袋，模拟一下自己回宿舍时找钥匙的动作。主讲教师让同学们议论一阵后说："据我观察，大多数的女生在上楼梯时，手就在书包里摸摸索索，走到宿舍门口，凭感觉捏住一大串钥匙中的那一片钥匙，往锁孔里一塞，正好门开了。而大多数的男生呢？他们匆匆忙忙地跑到宿舍门口，'砰'的一脚或一掌，门不开，于是想起找钥匙。摸了书包摸裤袋，摸了裤袋又摸衣袋，好不容易摸到了钥匙串，把钥匙片往锁孔里一塞，打不开。原来钥匙片又摸错了。"主讲教师的描述引起了会场上一片会心的笑声，教师趁势总结道："把男女生回宿舍摸钥匙开门的动作描述出来，就是细节描写，而细节描写的生动又来源于对生活的细致的观察。"这位写作教师先制造悬念，让听众探索悬念的答案，然后利用解答悬念抛出讲学要点，取得了很好的教学效果。

设置悬念的方法很多。可以运用与内容相联系的实物；可以运用突然发出、与主题反差较大的情感；可以运用听众一时难以回答上来的问题；可以运用带有夸张色彩的动作；可以运用录音、幻灯、录像设备等。

悬念的产生，得益于一些事实存在的不合理性。突然将一些令人莫名其妙、迷惑不解的事情推到人的眼前，悬念随即产生了。

宴会应酬时，借助美酒良言促进感情

好酒的人，很容易在酒桌上交到朋友，他们碰到一起，总是容易惺惺相惜，几杯酒下肚后，便会说相见恨晚，觉得与对方特投缘，朋友就这样产生了。

俗话说无酒不言商，许多大生意都在酒桌上搞定。生意场上有不少人借着酒精的刺激来促进彼此的往来，在我们周围也不乏原来滴酒不沾的人，在工作了10多年之后变成了杯中高手。如果在酒席上坚持不喝酒的人，则会引起别人的反感，甚至觉得你不真诚，虚伪，心眼太多，不可交。

酒是感情的润滑剂，如何使它发挥最有利的功效，就在于自己如何运用。

从古到今都流传着这样一句话："酒逢知已千杯少。"即使现在也是如此，彼此谈得来的人到一块酒一喝，话密了，情自然就浓。酒杯对酒杯，心口对心口，滚烫的友情便挡也挡不住，友谊也随着酒的绵香而逐渐加深。

尤其是生意人早就已经习惯在酒席间谈生意，好像不喝点酒就没办法敞开胸怀说话似的。这种习惯其实并非中国人所特有的，外国人也是如此。

其实，喝酒只是一种形式，真正起作用的还是推杯换盏之间的溢美之词。只要你适当运用自己的口才，就能"喝"出名堂来。

1. 众欢同乐，切忌私语

大多数酒宴上宾客都较多，所以应尽量多谈论一些大部分人能够参与的话题，得到多数人的认同。因为每个人的兴趣爱好、知识面不同，所以话题尽量不要太偏，避免唯我独尊，天南海北，神侃无边，出现跑题现象，而忽略了众人。特别是尽量不要与邻近的人贴耳小声私语，给别人一种神秘感，往往会使别人产生"就你俩好"的嫉妒心理，影响酒宴上的气氛。

2. 话语得当，诙谐幽默

酒桌上可以显示出一个人的才华、学识修养和交际风度，有时一句诙谐幽默的话语，会给别人留下很深的印象，使人无形中对你产生好感。所以，应该知道什么时候该说什么话，语言得当，并巧妙地运用你的诙谐幽默。这很关键。

3. 敬酒有序，主次分明

敬酒也是一门学问。一般情况下敬酒应以年龄大小、职位高低、宾主身份为序，敬酒前一定要充分考虑好敬酒的顺序，分清主次。即使与不熟悉的人在一起喝酒，也要先打听一下身份或留意别人如何称呼他，做到心中有数，避免出现尴尬的局面或伤了感情。敬酒时一定要把握好敬酒的顺序。有求于席上的某位客人时，对他自然要倍加恭敬，但是要注意：如果在场有更高身份或年长的客人，则不应只对能帮你忙的人毕恭毕敬，也要先给尊者、长者敬酒，不然会使大家都很难为情。

4. 锋芒渐露，稳坐泰山

酒席宴上要看清场合，正确估价自己的实力，不要太冲动，尽量保留一些酒力并注意说话的分寸，既不让别人小看自己，又不要过分地表露自身，选择适当的机会逐渐露出自己的锋芒，才能稳坐泰山，不致让别人产生"就这点能力"的想法，从而使大家不敢低估你的实力。

主持会议时，驾驭听众的技巧

你知道吗，当你参加会议、坐在桌前，每次几乎都是同一拨人发言，而表示反对、提出批评或者沉默不语的人每次也都大致相同。你有没有停下来思考过，他们其实已经形成了一定的模式，他们的行为是可以定义、可以预测的？

学会将这些模式进行分类、并理解它们是更好地控制他们、解决许多临场问题的关键。有一组词汇专门指代4种基本模式，这些模式存在于任何一个群体或家庭中——无论人们是在哪儿工作或活动——你应该学会如何掌控每一种模式的人，并让他们融入群体中，和大家一起奋斗，而不是在一旁引起大家的不和，也不应以自我为中心、不积极、在会议中起不到任何作用，成为一个摆设。

可以在你参加过的所有会议中发现的4种主要个性模式有：

行动者：积极主动地提出建议和想法。

反对者：对行动者和他们的新观点有自己的看法，常常持反对意见。

追随者：追随他人的观点，鼎力支持或赞成。

旁观者：密切关注，静静地待在一边，不公开表态。

1. 行动者

行动者是天生的领袖：他们强大、踏实、极具创造力，但是他们往往很难接受其他人的观点，他们自认为自己的观点无人能敌，是前进的唯一道路。而且，在这一点上，他们是无论如何都不允许失败在自己身上发生的。他们热爱权力和掌控一切的感觉，此外，他们还需要并期望得到他人的认同。

（1）在会议中体现出的价值。

他们非常有创造力。新观点、新解决方案层出不穷，只要有他们在，就不会冷场，而且他们会尽量让大家都能理解他们的想法。

（2）给领导的建议。

要把行动者控制在正确的方向上。你很有可能会以优先听取他们的意见或者过于草率地认可他们的观点这样的方式将行动者孤立起来，你要严密监控你的这种倾向。在行动者开始行动之前给他铺设一条道路，告诉他你想知道什么。

你还要表示，每个人的意见都很重要，你希望听到更多不同的想法。在你肯定行动者的表现的同时也要鼓励其他人。要明白，会议的领导者（也就是你）一般来说都属于行动者，所以要注意对立情绪，或者让其他人首先发表见解。

2. 反对者

他们会通过封堵行动者以及你的行进路线不断地发起挑战。他们和行动者互相竞争，以反对这种方法来吸引注意、提高身价。他们感兴趣的只有"事实"和"真相"。他们如此反对还有一个目的，就是为了成为万众瞩目的行动者。他们不惜伤害别人的感情，到处树敌，不仅仅和个人为敌，连整个群体都成了他们的敌人，也难怪人们把他们视做前进的障碍。

（1）在会议中体现出的价值。

反对者能够以行动者同样的热情提出重要的问题，他们愿意检验观点的效果、详细分析数据、找出缺陷和弱点。而且，他们有能力完善行动者提出的新颖但有瑕疵的想法，并会刺激人们去思考。

（2）给领导的建议。

虽然看起来他们似乎起的是负面作用，而你也想忽略掉他们、倒打一耙，甚至将他们赶出会议室。但是，好好利用他们的批评，重新思考，甚至能启发出更多的想法，或者进一步完善已有的成果。给他们布置一道家庭作业："找出更多的不足，并举出一些正面和反面的例子来支持你的观点，然后写一份报告交给我，好吗？"领导者不要经常故意唱反调，这会让你成为一个反对者，要警惕这种情况，防患于未然。并且经常唱反调可能会抑制群体的创造力。

3. 追随者

追随者并不是缺乏创造力！他们只是想谨慎行事，在公开表态之前先弄清楚其他人的态度。他们会以不同的理由来支持行动者和反对者。

（1）在会议中体现出的价值。

他们通过给予支持和壮大拥护者的队伍这种方式授权给其他人，在试验一个新想法的时候这种授权是不可或缺的——你需要来自团体中的支持者。要是一个团体中只剩下了行动者和反对者，你也许连话都插不上了！

（2）给领导的建议。

让追随者能够找到他们自己的位置。当追随者正式介入时，你要给他们分配具体的任务，让他们协力推动整个进程的发展。他们是非常优秀的支持者，特别擅长补充、完善任务。

4. 旁观者

旁观者，很有意思的一类人，值得你去特别注意他们。他们和追随者有很大的不同，他们完全置身事外，不直接参与行动，不与其他 3 种类型的人结成任何同盟，只是冷眼旁观，把自己的看法藏在心中，从不公开自己的观点。旁观者喜欢站在一旁，对事情进行不偏不倚的评论，比如说"很有趣"或者"这个问题我会好好考虑的"。他的评论看似客观、明智，实际上却是无法让其他人感到满意的。

（1）在会议中体现出的价值。

旁观者能够通过说话让那些被他们注视的人感受到受重视和支持，从而让这些人感到宽慰。行动者和反对者都很欢迎旁观者，因为他们并不知道旁观者的想法，所以他们会花费很多精力试图从旁观者口中得到一些他们的看法。

（2）给领导的建议。

旁观者这么做并非出于自愿，而是由于他们长期生活在别人的阴影下，或者从未得到别人的鼓励或受过训练去尝试其他角色。为了帮助他们参与进来，可以给他们指定一个特定的角色，不然，他们是不会自发地积极参与其中的。你可以让他们准备一个非公开的报告，这是因为旁观者害怕接受公开的评判。

探望病人时，温柔的安慰话也是治病良药

"月有阴晴圆缺，人有旦夕祸福"，谁都会有生病住院的时候，当亲友患病住院治疗，人们免不了要上医院去探视。然而，人们探视病人时的言语是否得当，将对患者的心理和情绪产生颇大影响。尤其是一些患者因为病魔缠身而产生抑郁、焦虑、怀疑、恐惧、被动、依赖及自怜等一系列消极情绪和心理波动时，倘若探视者的语言运用得好，将会使病人精神振作，进而积极配合治疗，有利于恢复健康。因此，它是抚慰患者心灵的一剂"良药"。若是探视者言语失当，将会对患者构成颇大的心理压力，影响治疗效果。

所以，在探望病人时，尤其是身患重病的人，就不要过多谈论病情，不要触到病人最难受的症状，以免病人心烦。例如，有

位领导去探望久病的退休老职工时，关切地询问她："您饭量可好？"谁知一句问候话，却引来病人满面愁容。她忧心忡忡地说："唉！不要谈它了！"弄得这位领导十分尴尬，只讷讷地说几句安慰话后，不欢而别。原来，这位老职工病势沉重，而最苦恼的症状就是吃不下饭。他问到的正是病人日夜忧虑的问题，顿时勾起病人的烦恼，以致谈话气氛极不愉快。如果对方本来就背着患病的精神包袱，你再过多地谈病情，势必会使包袱加重。当你看到病人脸色憔悴时，不能大吃一惊地问："您的脸色怎么这样难看？"而要说："这儿医疗条件好，您的病一定会很快好转的。"

打过招呼后，要多谈一谈社会上生动有趣的新闻，以转移对方的注意力，减轻精神负担。久居病室，这种新消息正是他渴望知道的。如能尽量多谈点与对方有关的喜事、好消息，使他精神愉快，心宽体胖，更有利于早日康复。

前往医院探望病人时，有些话是千万不能说的。我们一定要注意这方面的语言忌讳，以免踏进雷区。

例如，对一个有癌症之嫌的病人，你当不会傻到一见面，就对他说："据说你患了癌症，是不是真的？"

虽然不至于如此，然而，却有很多人采取相近的说法。那就是：当获知了对方的病名以及病态之时，如此说："听说你心脏不好，真是难搞的疾病呢！"

或者：

"哟！你的热度好高，听说这是危险的信号哩！千万要小心啊！"等的说辞。

只要你探望过病人，你就不难明白一个事实，那就是：病人四周的人，并不一定向他诉及实情。因为病人的感情是脆弱的，心志已不够坚强了。这时，如果你是处处为病人着想的话，那就不该把实情全部告诉他，你应该把病名及病情稍微改变一下"面目"，然后轻轻松松地告诉他，切勿把听自医生或别人的消息，原原本本地告诉他。

有时，病人是会勉强撑起来招呼你的。这时，你切勿"表错情"地说："哎！你看起来比我想象的更有精神么！"

这实在是最没有心肝的说法。

这么一想之后，前往探病时，只要对方不讲话，你还是不要多说话较好。

调解纠纷时，适当地褒一方、贬一方

不对争执双方做人格上的评价，而强调双方在性格、能力等方面的差异性，在客观上起到褒贬的效果，从而化解争执。人们在吵架的时候，经常为了谁对谁错，谁好谁坏而争执不休，直接的褒贬至少会引起一方的不满，甚至伤害其自尊心。因此，劝架者在对一方进行劝解时应该避重就轻，不对双方道德上的孰优孰劣做出判断，而是强调二者在个性、能力上的差异，适当地"褒一方，贬一方"可使被褒的一方心里得到满足并放弃争执，而又不伤害被贬的一方，使劝解成功。

小陈和小杨是某学校新来的年轻教师，小陈心眼儿细，考虑事情周到，小杨性情有些鲁莽，但业务能力较强。一次，两个年轻人发生了争执，小陈说不过小杨，感觉很委屈，跑到校长处诉苦。校长拍拍小陈肩膀说："小陈啊，你脾气好，办事周到，这个大家都清楚，也都很欣赏，可是小杨天生是个躁性子，牛脾气一上来什么都忘了，等脾气过去了就天下太平了。你是一个细心人，懂得从团结同事、搞好工作的角度看待问题，你怎么能跟他那暴性子一般见识呢？"一番话说得小陈脸红了起来。

这是一个强调双方差异来解决纠纷的典型例子。校长没有直接批评小杨，而是反复强调小陈脾气好，小杨性格暴躁，这实际上是通过比较两人截然不同的性格来肯定小陈待人办事的方法是正确的，小陈领悟到校长的意思，自然也不会再跟小杨计较。

此外，在褒一方、贬一方时，作为调解纠纷的第三人应记住以下几点，以免褒贬不当而引起当事人的反感，让事情变得更糟。

1. 忌激化矛盾

很多调解纠纷的第三者在用"褒一方、贬一方"的方法时，由于方法不当而加剧矛盾，这主要是因为：

第一是强化了当事人本来就不该有的消极情绪，从而火上浇油，扩大了事态。

第二是"惹火烧身"。因方法不当，激怒了当事人，使当事人把全部的不满和怨恨情绪都转移到了你身上，你成了他的对立面和"出气筒"。

2. 忌急于求成

人们常说，善弈棋者，每每举一而反三。做别人的思想工作也好比下棋，也要珍视这"三步棋"的做法，要耐心细致，再三斟酌。如果条件不具备就急于求成，不瞻前顾后，总想一劳永逸，其结果往往是事倍功半，"成"效甚微，甚至把矛盾激化。

3. 忌官腔官调

要克服官腔官调，最主要的是应该增强普通人的意识，以普通人的姿态出现在人们面前，彻底改变那种高高在上、唯我独尊、主观武断的官僚作风和指手画脚、发号施令的作风。

还必须注意坚持实事求是的态度，慎用套话，加强语言表达能力的培养。

4. 忌空洞说教

要避免空洞说教，尤其要从道理上使人信服；思想观点要明确；语言要朴实新颖。三个方面都要下功夫。

5. 忌反常批评

必须努力克服以下几种不正确的批评方式：批而不评式；阿谀奉承式；隔靴搔痒式；褒贬对半式。

以上几种不正确的批评方式，均属于调解纠纷的"败笔"。

要想使调解达到转变对方态度、修正对方错误的目的，就应该正确运用批评的武器，切忌简单化和庸俗化。

6. 忌不分场合

如果不分场合，信口开河，不管人前人后，指名道姓地对人说服，效果往往不佳；搞不好还会出现与当事人的良好动机截然相反的结果。

尴尬时刻，站在对方的角度说话

每个人都希望在社交中从容不迫，洒脱大度，但是在现实生活中我们经常会遇到一些尴尬场面，自己感到不舒服，别人也不自在，结果气氛凝滞。

造成尴尬局面的原因有很多：时间、场合不适合、交往对象不熟悉。当发现尴尬情况出现时，就该想法将其化解掉，但很多人都会说"说得容易做着难"。

遇到尴尬的境况之所以难以解决，是因为每个人都固执己见，各有各的想法。越坚持自己的想法，就越不容易解决问题。试试站在对方的角度说话，没准会很轻松地解决问题。

有一天，美国哲学家、诗人爱默生同他的儿子一起想把一匹小牛赶进牛栏。但他们犯了一个错误，他们只想到自己的愿望，爱默生在后面推小牛，他的儿子在前面拽小牛。但小牛也有自己的愿望，它把两只前蹄撑在地上，执拗着不照他们父子的愿望行动。他们家的爱尔兰籍女佣见到这种情景，不由得笑着来帮助他们。她刚才在厨房干活，手指头上有盐的味道，于是她像母牛喂奶似的，把有咸味的手指伸进小牛的嘴里，让它吮着走进了牛栏。

动物尚且有自己的愿望，更何况人呢？不了解对方的意愿，光想自己认为怎么样就该怎么样，难免会导致谈话的失败。

你如果要劝说一个人做某件事，在开口之前，最好先问问自己："我怎么样才能使他愿意去做这件事呢？"

在这方面，人际关系大师卡耐基堪称高手。

卡耐基每季都要在纽约的某家大旅馆租用大礼堂20个晚上，用以讲授社交训练课程。

有一个季度，卡耐基刚开始授课时，忽然接到通知，房主要他付比原来多3倍的租金。而得到这个消息之前，入场券已经印好，而且早已发出去了，其他准备开课的事宜也都办妥。

很自然，卡耐基要去交涉。怎样才能交涉成功呢？两天以后，卡耐基去找经理。

"我接到你们的通知时，有点震惊。"卡耐基说，"不过这不怪你。假如我处在你的位置，或许也会写出同样的通知。你是这家旅馆的经理，你的责任是让旅馆尽可能地多盈利。你不这么做的话，你的经理职位难以保住，也不应该保得住。假如你坚持要增加租金，那么让我们来分析一下，这样对你有利还是不利。"

"先讲有利的一面。"卡耐基说，"大礼堂不出租给讲课的而是出租给举办舞会、晚会的，那你可以获大利了。因为举行这一类活动的时间不长，他们能一次付出很高的租金，比我这租金当然要多得多。租给我，显然你吃大亏了。

"现在，来考虑一下不利的一面。首先，你增加我的租金，却是降低了收入。因为实际上等于你把我撵跑了。由于我付不起你所要的租金，我势必再找别的地方举办训练班。

"还有一件对你不利的事实。这个训练班将吸引成千上万的有文化、受过教育的中上层管理人员到你的旅馆来听课，对你来说，这难道不是起了不花钱的活广告作用了吗？事实上，假如你花 5000 元钱在报纸上登广告，你也不可能邀请到这么多人亲自到你的旅馆来参观。可我的训练班给你邀请来了，这难道不合算吗？"

讲完后，卡耐基告辞了："请仔细考虑后再答复我。"当然，最后经理让步了。

在卡耐基获得成功的过程中，没有谈到一句关于他要什么的话，他是站在对方的角度想问题的。

不妨想想另一种情形，如果卡耐基气势汹汹地跑进经理办公室，提高嗓门叫道："你这是什么意思？你知道我把入场券印好了，而且都已发出，开课的准备也已全部就绪了，你却要增加 300% 的租金，你不是存心整人吗？300%，好大的口气！我才不付哩！"

想想，那该又是怎样的局面呢？你会想象得到争吵的必然结果：即使卡耐基能够辩得过旅馆经理，对方的自尊心也很难使他认错而收回原意。

陷入不利境地时如何说话

在人与人之间的交往过程中，经常会碰到一些麻烦，常常会发生由于言语或行动等方面的因素而使自己处于不利境地的状况。在这种情况下，如果能采用某种方式而扭转状况，那自己就可以得以解脱。在这时就得动用自己的智慧。下面几种方法和技巧将会对你大有裨益。

1. 巧妙区分

对于有些涉及权威者的情况，为了给对方留一个面子，同时恰当地维护自己的尊严，就要巧妙区分，从不同的角度来解决。

南朝齐代有位书法家叫王僧虔，写得一手绝好的隶书，但是当朝皇上齐高帝萧道成也是一个翰墨高手，他要和王僧虔比个高低，两人都写了一幅字。

高帝问王僧虔："谁为第一？"

若一般臣子，当然会立即奉承皇上说："臣不如也。"但王僧虔却是一副傲骨，明明自己的书法高于皇帝，为什么要做违心的回答呢？这位才思敏捷的书法家竟说出一句千古流传的绝妙答词：

"臣书，臣中第一；陛下书，帝中第一。"

他巧妙地把臣与帝的书法比赛分为"臣组"与"帝组"加以评比，这样既满足了高帝的"冠军欲"，又维护了自己的荣誉和品格。皇上听了，也只能哈哈一笑而已。

王僧虔在这里就巧妙地运用了"巧妙区分"这种手法，使得其回答委婉圆转，皇上也无话可说。

2.巧设圈套

巧设圈套就是针对对方的心理，提出某种合理的愿望或要求，求得对方的承诺。当对方进入圈套后亮明真相，对方也无法反悔，这一招通常是非常见效的。

在波斯和阿拉伯发生战争期间，波斯帝国的太子被阿拉伯帝国的倭马亚王俘虏，倭马亚王下令要将他斩首。

昔日英姿飒爽、威武不凡的太子成了阶下囚，早已没有了什么威风。他请求倭马亚王说："主宰一切的陛下，我现在口渴难当，您当以仁慈之心，让您的俘虏喝

足了水再处斩也不迟啊！"

倭马亚王答应了他的要求，让侍卫端给他一碗水。

太子接过这碗水，却不敢喝下去，颤颤巍巍地说："陛下，我担心我正在喝这碗水时，会有人举刀杀死我。"

国王说:"放心吧,不会这样的。"于是太子请求国王保证。

国王庄重地说:"我以真主的名义发誓,在你喝下这碗水之前,没有人敢伤害你。"

太子一听,立即将那碗水泼到地上。倭马亚王大怒,但身为国王,他已发下誓言,不会在太子喝下这碗水之前伤害他。现在,水已被太子泼到地上,太子再也喝不到这碗水了,倭马亚王也就永远不能伤害太子了。

倭马亚王知道上了太子的当,但也没法,只得放了太子。

太子在这里利用倭马亚王的同情心救了自己的性命。他巧设圈套,引得倭马亚王一步步上当,最后终于获得了成功。

第六章

聪明人永远不会出局的沟通术

与考官沟通，实话巧说顺利通关

求职面试时，面试官经常设下圈套，以判断求职者的心理素质、反应能力等，稍有不慎，就会落入圈套，以全盘皆输。那么常见的陷阱问题有：

1. 压力问题

在求职面试时，有些主考官会故意提出一些问题，让你处于不利的境况。如果回答得好你就可以顺利通过面试，否则只有失败的份儿。那么我们一起看看下面这个例子：

在一次公务员面试中，考官对一位少女考生前面问题的回答非常满意。最后，一位考官对她说："你是一个很漂亮的女孩，但是我们发现你脸上有不少雀斑，你觉得这会对你的面试有影响吗？"面对这种故意设置的压力问题，该女孩的回答非常精彩：

"我是来报考公务员的，今天主要考察的应该是能力，我想各位老师坐在这里也肯定是为国家选材而不是选美，如果各位是来选美的，我想我不合适，但如果是选材，我相信自己是栋梁之材。"

女孩非常自信，没有因为被问及自己的缺点而丧失信心，相反，回答得有理有据，没有正面回答缺点对面试是否有影响，而是从另外一个角度阐述，把问题交给考官，任其选择，获得成功。因此，当被问及自身缺点时，不要慌张。回答时可以扬长避短，突出自身优势，减少缺点带来的影响。

2. 迷惑问题

面试时，有些问题并非是面试官的本意，他们只是在试探你，看看你有何反应，面对这些迷惑性的问题时你可要提高警惕。

在一家企业面试中，张雷凭借自己的实力已经通过了笔试和第一次面试，在最后一次面试过程中，考官突然问道："经过了这次面试，我们认为你不适合我们单位，决定不录用你，你自己认为会有哪些不足？"面对考官的问题，张雷回答道：

"我认为面试向来是5分靠实力，5分靠运气的。我们不能指望一次面试就能对一个人的才能、品格有充分的了解和认识。通过这次面试，我学到了很多东西，也发现了自己的不足——既有临场经验的不足，也有知识储备的不足。希望以后能有机会向各位考官讨教。我会好好地总结经验，加强学习，弥补不足，避免在今后工作中再出现类似的问题。另外，希望考官能对我全面、客观地进行考察，我一定会努力，使自己尽量适应岗位的要求。"

其实，考官这是在考察你的应变能力，并非真的对你不满，如果他们认为你不合适的话，是不可能再问你问题的。因此，要沉着应付，不要中了圈套而暴露自己的弱点，回答时可以虚一点，把重点放在弥补弱点上，这可以看出你积极进取的品质。另外，要诚恳地向考官讨教，以博取他们的好感。

3. 刁钻问题

在面试时，经常会碰到一些刁钻问题，如果按一本一眼地方式回答，很容易让自己处于劣势。这时你不妨以刁制刁。

在一次公司求职面试中，某主考官见一位湖南来的小马先生知识渊博，思维敏捷，各类问题都对答如流，便突发异想，抛开原定题目，出了一道偏题："朱自清的散文《春》，尽人皆知。请你回答这篇文章一共多少字？"这下可真把马某考住了。他暗想，主考出此题目未免脱离常规，既然有意刁难，录取必然无望，就不管一切，大胆反问："主考官的尊姓大名，天天目睹手写，也已烂熟，请问共有几笔？"主考官想不到应考者竟会有如此反问，一时愣住。事后，主考官十分赏识马某的才能和胆识，于是亲自录用。

有些问题过于刁难，而且实在无法回答，不妨反戈一击，反问对方，可能会起到意想不到的效果。不过，切记要保持微笑，以礼待人，因为考官只是在考察你的应变能力而非真的刁难你。

4. 两难问题

有些问题，如果只简单地回答"是"或"不是"，强调一方面的话，很难让自己顺利通过面试，这时不妨采用折中的回答方式，在两者兼顾的基础上强调重点。

在一次公司招聘面试中，考官突然对一位应聘者提出这样的问题："你对琐碎的工作是喜欢还是讨厌，为什么？"对于这个两难问题，若回答喜欢，似乎有悖现在知识青年的实际心理；若说讨厌，似乎每份工作都有琐碎之处。因此，小梁在思考过后回答道：

"琐碎的事情在绝大多数工作岗位上都是不可避免的，如果我的工作中有琐碎事情需要做，我会认真、耐心、细致地把它做好。而且，我刚到一个单位，情况还不十分熟悉，通过做小事，可以熟悉工作，熟悉单位，尽快进入角色。不管是什么学历，都要从小事做起，甘当小学生。一屋不扫，何以扫天下？只有把小事做好，才能让领导信任，才有机会做大事。"

其实，考官并不是真正考察你到底是否喜欢做琐碎的工作，其真正的目的在于"工作态度"。小梁的回答，委婉地表达了大多数人的普遍心理——不喜欢琐碎工作，又强调了自己对琐碎事情的敬业精神——认真、耐心、细致。既真实可信，又符合对方的用人心理，是个很好的回答。因此，对于这种两难问题，可以采取避实就虚的方法，不要从正面回答问题，而从多角度分析回答。

5. 测试式问题

有些问题，看似让你回答，实则是在测试，比如：诚实、信用等。面对这些问题，你要三思而后行。

谢元在应聘某家公司财务经理一职时，被问道："作为财务经理，如果总经理要求你一年之内逃税 100 万元，你会怎么做？"

因做过很多财务工作，谢元深知工作中的要求规则，于是很快地回答："我想您的问题只能是一个'如果'，我确信像贵公司这样的大企业是不会干违法乱纪的事情的。当然，如果您非要求我那么做的话，我也只有一种选择：辞职。虽然能够在贵公司工作是我一心向往的，但是无论什么时候，诚信都是我做人的第一原则。我不能为了留在公司工作而违背良知、违背工作准则。"

面对这类问题，如果你抓耳搔腮地思考逃税计谋，或者思如泉涌地立即列举一大堆方案，都会中了考官的圈套。实际上，考官在这个时候真正考核的不是你的业务能力，而是你的商业判断能力及商业道德方面的素养，遵纪守法是员工最基本的要求。谢元的回答非常精彩，既遵循了原则，又突出了诚信。

6. 诱导式问题

面试时，有些考官会诱导你做出错误的回答，如果你中了圈套，你也就与工作无缘了。

王飞是一名大学毕业生，在一次公务员面试中，考官问道："你认为金钱、名誉和事业哪个重要？"王飞面对这种诱导式的语言陷阱，回答道："我认为这三者之间并不矛盾。作为一名受过高等教育的大学生，追求事业成功当然是自己人生的主旋律。而社会对我们事业的肯定方式，有时表现为金钱，有时表现为名誉，有时二者均有。因此，我认为，我们应该在追求事业的过程中去获取金钱和名誉，三者对我们都很重要。"

这个问题，好像是一道单项选择题，它似乎蕴涵了一个逻辑前提，即"这三者是互相矛盾的，只能选其一"。实则不然，切不可中了对方的圈套，必须冷静分析，可以明确指出这种逻辑前提条件不存在，再解释三者的重要性及其统一性。对于这种诱导式问题，不能跟随考官的意图说下去，以讨好考官。这样做的结果只能给考官"此人无主见，缺乏创新精神"的感觉。

7. 工作经验问题

"你的相关经验比较欠缺，你怎么看？"如果回答"不见得吧"，"我看未必"或"完全不是这么回事"，那么也许你已经掉进陷阱了，因为对方希望听到的是你对这个问题的看法，而不是简单、生硬的反驳。

对于这样的问题，你可以用"这样的说法未必全对"，"这样的看法值得探讨"，"这样的说法有一定的道理，但我恐怕不能完全接受"为开场白，然后婉转地表达自己的不同意见。面试官有时还会哪壶不开偏提哪壶，提出让求职者尴尬的问题，如："你的学习成绩并不很优秀，这是怎么回事？""从简历看，大学期间你没有担任学生干部的经历，这会不会影响你的工作能力？"，等等。

碰到这样的问题，有的求职者常常会不由自主地摆出防御姿态，甚至狠狠反击对方。这样做，只会误入过分自信的陷阱，招致"狂妄自大"的评价。而最好的回答方式应该是，既不要掩饰回避，也不要太直截了当，可用"明谈缺点，实论优点"的方式巧妙地绕过去。

比如说，当对方提出你的学习成绩不很优秀时，你可以坦然地承认这点，然后以分析原因的方式带出你另外的优点。如，在校期间学习成绩之所以不很优秀，是因为我担任社团负责人，投入到社团活动上的精力太多。虽然我花在社团的心血也带给我不少的收获，但是学习成绩不是最优秀，这一点一直让我耿耿于怀。当意识到这一点后，我一直在设法纠正自己的偏差。

在面试中屡战屡胜的 Michael 就有过一次这样的面试经历。Michael 的学习成绩不算顶尖，面试咨询公司时，这便成了考官发起攻击的要害："你的成绩好像不太出众哦，你怎么证明自己的学习能力呢？" Michael 不慌不忙："除了学习，我还有其他活动，不是只有成绩才能反映人的学习能力。其实我的专业课都相当不错，如果你有疑问，可以当场测试我的专业知识。" Michael 巧妙地绕开了令人尴尬的问题，将考官的注意力引导到他最拿手的专业知识上。

8.业余时间问题

"你怎样消磨休闲时间？包括星期天、节假日、每天晚上，当你参加聚会时，你是喜欢独处，还是喜欢出风头？请谈一谈你最要好的朋友？你选择朋友时，一般考虑哪些因素？"

诸如此类问题看似在问一些有关生活的轻松话题，实意在考察你人际交往能力和与人相处的技巧。对于这类问题，你不必拘泥于自己的实际情况，可以适当加以夸大，因为主考官无法核实你所说的是否属实，一般来说大多数人都愿意和开朗、热情大方、善解人意的人交朋友，而不愿意与那些过于清高、气量狭小、毫无生活情趣的人在一起。

谈判背后的心理博弈，张弛有度的话才有"交涉力"

谈判，是一种过程，也是一种较量，是谋略的较量，也是口才的较量，不具备一流的口才，是无法进入实际的谈判过程的，学好谈判的各种口才技巧，将使你出奇制胜，达成双赢。

下面我们一起看看有哪几种技巧：

1. 虚张声势

为了让对方产生一种立刻购买的欲望，在推销产品的谈判过程中，可恰当地给对方造成一点悬念，让他有点紧迫感，产生"现在是购买的最佳时机，否则将会错过很好的机会"的感觉，促使他立即与你成交。

比如你可以这样说："这种商品的原材料已经准备提价了，所以这种商品也将会因此而价格上涨的。"

或者说："我公司从下个季度起可能会因人手不够而减少这种商品的供应量。"

这种方法就是积极主动地去刺激顾客，调动顾客的购买欲，这在推销过程中是很重要的。如果你只是一味等待顾客来与你洽谈，让主动权掌握在顾客手中，你的推销谈判将不会成功。

2. 制造优势

谈判中双方在条件、地位等方面的优势，是起决定作用的。但是，谈判是一个动态系统，各项条件是可以变化的。在总体不利的时候，可以采用一些策略，来制造自己的优势。有些人在谈判中刚毅果断、不苟言笑；有些人更愿意谦恭节制、平心静气。无论哪种谈判风格，都是外在的表现形式，无法影响买家的立场。取得谈判的优势不在于你的言谈举止，关键是你能否改变双方心理优势的对比。

谈判双方的确存在着客观的差距。在一条产业链中，生产企业一定会在很多方面受制，比如彩电企业的产品价格受显像管企业的影响，当年四川长虹囤积彩管，其目的就是要建立客观的比较竞争优势；影碟机企业被几家掌握核心技术的芯片公司制约，每台机器将被索取一定的专利费。这些现实条件是无法改变的，你唯一能够改变的是双方的心理！在很多时候，谈判者心里的感觉或印象要比客观现实更具影响力和说服力。

如果谈判仅仅停留在客观条件的层面上，那就不再需要研究什么技巧了。谈判的优势存在于每个人的心智中，如果你能建立起对对方的心理优势，能够改变对方的立场，那么你就能成交一笔出色的交易，无论你是买方还是卖方。

谈判桌上永远是虚虚实实、真真假假，信息的掌握也各有不同，买方会用尽各种办法让你相信他们比你更有优势。最常使用并且效果最佳的方法就是拿竞争对手来压你，他们会在事前对竞争者进行充分的调查，谈判时突然拿出数十张数据资料使你信以为真，这一招确实屡试不爽，缺乏经验的谈判者会立刻手足无措，顷刻间失去了所有的优势。通常在这种场景中，心理素质决定着谈判的优势。首先我们要明确一点，买家需要与你做交易，否则他们可以直接同竞争者合作，何必再浪费时间和精力与你讨价还价。既然各有所需，就不要被竞争者的报价所迷惑，坚定你的谈判立场，不要轻易做出让步。

3. 逆向思维

在商务谈判中，如突遇紧急情况百思不得其解时，可以从反向角度即倒过来想想看，有时能取得意想不到的效果。

美国谈判专家尼尔伦伯格曾与他的合伙人前去参加某家飞机制造厂的拍卖，该工厂属政府所有，总务管理局决定，拍卖时谁开价最高就卖给谁。合伙人弗莱德和尼尔伦伯格商定，在充分估算其资产价值的基础上决定出价37.5万美元买进。在拍卖现场，已有百余人捷足先登。竞价开始后，尼尔伦伯格开价10万美元，紧接着就有人加到12.5万美元，待尼尔伦伯格再叫到15万美元时，又有人加到22.5万美元。这时，弗莱德不再应叫，拉着尼尔伦伯格离开了拍卖现场。尼尔伦伯格大感不解。

在场外，弗莱德解释说，他读了出售通告，按照此次拍卖规则，如果政府认为出价不够高，就将拒绝出售。他们的出价在投标者中位居第二，所以拍卖人一定会来和他们联系，告诉他们，那个22.5万美元的报价已被否决，问他们是否愿意再报一个价。到那时，他们就可以出个较高的价，同时要求政府做出一定的让步，比如要求政府同意以抵押方式支付一部分价款等。

弗莱德的估计一点儿不错，在不到一周的时间里，上述几件事情都一一发生了。这就是弗莱德逆向思维的效应。

如果他们一味地在拍卖场上与竞争对手较量，很可能突破预订的37.5万美元的最高报价，从而失去收购的机会。而采取逆向思维的做法，不仅控制了价格，还成功地收购了该厂。

4. 装聋作哑

卡耐基指出，在谈判中，正确的答复未必是最好的答复。应答的艺术，在于知道什么应该说，什么不应该说。对有些问题不值得答复，可以表示无可奉告，或置之不理，或转换话题；对有些问题回答整个问题，倒不如只回答问题的一部分更有利；对有些问题不能作正面回答，可以采取答非所问的回避方法。这类应答方式，称之为躲避式应答。

谈判中，回答对方的问题之前，要让自己获得充分思考的时间。争取充分时间，可以请对方澄清他所提出的问题。例如：

"请您把这个问题再说一次。"

"我不十分了解您的意思。"

也可以借"记不太清楚了"，"资料不够完备"，"我们对这个问题尚未做认真的考虑"等话，来拖延答复的时间。

还可以往领导或权威人物那里推托，或者让自己的助手做一些无关紧要的、非实质性的答复。总之宁可装聋作哑，大智若愚，也不能自作聪明，给人抓住把柄。

运用"装聋作哑"谈判技巧，常用的词语有：

"这个问题么，要看情况而定。"

"对于这件事情，我没有直接经手，但我听说是这样的。"

"结论先不忙下，还是让我们谈谈事情的经过吧。"

"在我回答这个问题之前，你必须先了解一下事情的来龙去脉，那是开始于……"

"那不是'是'或'否'的问题，而是程度上的多少问题。"

"这是一个一般性的问题，通常的处理方法是……"

"你应当知道，事情绝非这一个原因，还有许多因素能导致这种后果，比方说……"

"我不想谈论这个问题，但是……"

"我不想谈论这个问题，因为……"

"这是一个专门性的问题，让我们下次再专门讨论吧！"

"请把这个问题分成几个部分来说。"

对对方提出的问题，也可以佯装没听见，当然就用不着回答了。

5. 刨根问底

面对回避和含糊不清的问题，多问些为什么。

作为一个精明的卖主，必须能够寻找出对方可以妥协和让步的地方。对方在哪些方面躲躲闪闪，哪些地方避而不谈，便可以此为突破口，击中对方的要害。这时你需要有穷追不舍的精神，打破砂锅问到底，最好的方式是多问"为什么"。

如果对方继续解释，就可以抓住他的要害，从而解决问题。

同时，聪明的买主，也会经常提出一些含糊不清的问题，这问题也是可以做多种解释的问题，目的是套出对方的话。

针对这些问题，在你没有了解对方的意图或问题本身的含义之前，千万不要轻易回答，更不要做正面回答，你最好回答一些非常概括、原则的问题。轻易地将自己一方的真实情况毫无保留地泄露给对方是极不明智的。

6. 有的放矢

有的放矢是谈判语言表达针对性原则的实际应用。然而，面对着不同的谈判对象，谈判者要真正能娴熟、有效地运用却并非易事。要知道，纸上谈兵终不如人们在谈判实践中的体会来得真切与深刻。谈判语言表达的方法与技巧更需要人们在谈判实践的过程中进一步去总结、思考、提高。

我们以话剧《陈毅市长》中陈毅与原国民党的上海代理市长、化学家齐仰之的一场成功对话来进行分析。

剧中的齐仰之，因被国民党搞得心灰意冷，闭门谢客，并规定了"闲谈不得超过三分钟"的禁令。身为共产党新任市长的陈毅，为动员这位试图与世隔绝的老化学家参加新中国的建设，下了很大的决心并费了不少周折才敲开齐仰之的家门，下面是他们的对话：

陈毅："齐仰之先生虽是海内外闻名的化学家，可是对有一门化学，齐先生也许一窍不通！"

对于潜心于化学研究的齐仰之来说，他所关心的莫过于化学了，现在听说还有一门化学自己一窍不通，便要问个明白，他自己先解除了禁令。

齐仰之："今日可以破此一例，请陈市长尽情尽意言之。"

当陈毅向他说明了共产党的"化学"之后——

齐仰之："这种化学，与我何干，不知亦不为耻！"

陈毅："先生之言差矣！孟子说：'大而化谓之圣。'社会若不起革命变化，实验室里也无法进行化学变化。齐先生自己也说嘛，致力于化学40余年，而建树不多，啥子道理哟？齐先生从海外学成归国，雄心勃勃，一心想振兴中国的医药工业，可是国民党政府腐败无能，毫不重视。齐先生奔走呼吁，尽遭冷遇，以致心灰意冷，躲进书斋，闭门研究学问以自娱，从此不再过问世事。齐先生之所以英雄无用武之地，岂不是当时腐败的社会造成的吗？"

齐仰之："是啊，归国之后，看到偌大的一个中国，举目皆是外商所开设的药厂、药店，所有药品几乎全靠进口……这真叫我痛心疾首。我也曾找宋子文谈过兴办中国医药工业之事，可他竟说外国药用也用不完，再搞中国药岂不多此一举？我几乎气昏了……"

陈毅："可如今不一样了！……如今建国伊始，百废待举，这不正是齐先生实现多年梦想，大有作为之时吗？"

齐仰之："你们真的要办药厂？"

陈毅："人民非常需要！"

齐仰之："希望我也……"

陈毅："否则我怎么会深夜来访？"

此时齐仰之才如梦初醒，承认自己一是"对共产党的革命化学毫无所知"，二是"自己身上还有不少酸性"。

陈毅："我的身上倒有不少碱性，你我碰到一起，不就中和了？"

齐仰之："妙，妙！陈市长真不愧是共产党人的化学家，没想到你的光临使我这个多年不问政治、不问世事的老朽也起了化学变化！"

陈毅："我哪里是什么化学家呀！我只是一个剂，是个催化剂！"

大家熟知，陈毅是行伍出身，又是党的高级干部，一向以坦率耿直著称。为实现说服齐仰之的"谈判目的"，就要克服重重障碍，包括转变自身传统语言表达风格的困难。对此，陈毅确实需要下很大的决心。这场谈判的成功，一是在于陈毅针对齐仰之的职业特点，以"化学"话题作为突破口，使齐先生自动地取消了自己设置的"禁令"；二是陈毅针对齐先生作为传统文人的身份和一生中一再碰壁的经历，在谈论用词上颇为用心。例如陈毅使用了"差矣""才疏学浅""孟子说"，以及"碱性""中和""催化剂"等化学名词。这种有的放矢的语言表达技巧，终于使原本拒不见客，心灰意冷的老化学家重新燃起已冷却多年的事业心，投身到新中国建设事业的行列中来。陈毅的"谈判目的"通过运用有的放矢的语言技巧，最终顺利实现。

7. 舍小求大

谈判中有一条原则，叫作"统筹计算"。在许多综合性谈判中，议题往往有好几个，具体争论点可能会更多。善于谈判的人不是处处都"以牙还牙"，寸步不让，而是做到让少得多，让小得大。谈判中时刻要有全盘的统筹计划，这才是聪明而又高明的谈判家。谈判中有些无关紧要的问题，最好不要争论。请看下面这个例子：

第二次世界大战结束不久，美方卡耐基等与英方史密斯等举行了一次会谈。谈判还没有进入正题时，英国一位先生说："'谋事在人，成事在天'这句话出自《圣经》。"卡耐基纠正说："这个成语不是出自《圣经》，而出自莎士比亚的《哈姆雷特》。"结果两人争得面红耳赤。美方的葛孟在桌下用脚踢了卡耐基一下，说："卡耐基，你弄错了，英国朋友说得对，这个成语出自《圣经》。"在回去的路上，葛孟说卡耐基因小失大，为争一个成语，撇下了谈判的主题，破坏了气氛，这是得不偿失。葛孟又说："真正赢得优势，取得胜利的方法绝不是这种争论，这样的驳论有时能获得优越感，但是却永远得不到好感。"

从根本上说，以上争论的两人，都是凭意气用事，忘了谈判的"统筹"原则和舍小求大的技巧。

8. 打好外围战

谈判中,面对面之外的外围战相当重要。先外围后内里,先低层后高层,先幕后再公开,在谈判场外找到双方的共同点,可以为场内谈判造就相对优势。谈判中的外围战,是联络感情、沟通信息、影响对手的手段,是对正式谈判的一种补充。

9. 限时限量

给优柔寡断的人一个"千万别错过"式的暗示。

"迷惑"是人类心理状态的一种,在人的潜意识里,总认为还会有更好的存在。人的意识深处都藏有相当浓厚的寻求更好的欲望,这种欲望就是造成"迷惑"的主要原因。

妨碍果断行动的潜在心理,往往都是因为"还有"的意识存在。如果在限定的时间内,迫使对方做出决策,他就能够在很短的时间内做出决定。

比如在销售谈判中,卖方对正在犹豫不决、无法下决心购买的买方可以这样说:

"错过今天,明天就要涨价了。"

"如果我方这个星期内收不到货款,这批货就无法为你方保留了。"

"如果你方不能在月底之前给我们订单,我们将无法在下个月交货。"

买方也可以说:

"我方再过半个月之后就无力购买了。"

"我方要在月底前完成全部订货。"

"这是我们的生产计划书，如果你们不能如期完成，我们只好另找门路。"

当然，限定的方式并不只是时间，也可以表现在数量上：

"存货不多，欲购从速。"

"只送给前 50 名购买者。"

社交沟通掌控对方心理，让你受人喜欢的说话艺术

亲者，近也；故者，旧也。亲与故，往往给人一种美好的回忆和情绪体验。心理学家认为，一个人对同一事物在不同地点很可能产生不同的情感，而环境影响往往是制约情感和情绪的重要因素。

有一位记者就很善于攀亲拉故。他见到陈景润的夫人由昆，寒暄的第一句话是："听说你是我们湖北人，怎么普通话说得这么好啊？"由昆喜悦地回答："是吗？我跟湖北人还是讲湖北话的！"于是，双方都沉浸在"老乡"相识的愉快之中，话语自然多起来，气氛也轻松得多，这正是采访者所需要的。倘若语言生硬，由昆女士保持缄默，采访者怎么可能了解科学家的家庭生活呢？

李明的妻子身患重病，急需大量医药费。李明四处筹措，还

差一半。最后，在无奈的情况下，他到了城里，希望找几个老乡想想办法。

听说有一个老乡做生意发了财，李明满怀希望地前去借钱，却不料这位老乡异常吝啬，一分钱也不借就把李明赶了出来。李明遇到这种屈辱，叫他如何咽得下这口气。不过，冷静之后，他想出了一计去见这位老乡。李明找来族谱，经过认真查找，他发现自己比这位老乡高了一辈，严格上来说，这位老乡应叫李明"表叔"，尽管李明年龄只有31岁，而那位老乡年龄却有58岁了。

最后，在族谱的面前，这位老乡再也不敢如此嚣张了，在自己的长辈面前，他只有遵循几千年来的"礼"，而李明这时说什么话都响多了，最后轻松借到了为妻子治病的钱。李明正是利用了血缘关系和长辈地位，让原本吝啬的老乡转变了态度，成功筹到了治病的钱。

期望效应：使他人按自己的意图行事

拜托别人、希望别人来拜托自己、对他人有所期望、期望他人对自己有所期望。这是每个人都有的心理状态。拜托别人、对他人有所期望是出于现实的需要，毕竟每个人的能力是有限的；而希望别人来拜托自己，希望别人对自己有所期望，则是实现自我价值的本能需要。当别人来拜托你的时候，你心中会油然而生一股满足感、成就感，做起事来也干劲十足。

因此，如果你想要他人听从你的指示，不妨将自己对对方的期望明确地表达给对方。因为心理学上有一个非常著名的"期望效应"，它是说，人往往会按照他人所期望的那样去做。

1960 年，罗森塔尔在加州一所学校做了一个著名的实验来论证"期望效应"。

那是一年新学期刚开始的时候，罗森塔尔请求校长对两位教师说："根据以往的教学考察，我认为你们是本校最优秀的教师。为此今年学校特地挑选了一些极为聪明的孩子给你们当学生。但是，为了不伤害到其他的教师和学生，请你们尽量像平常一样教这些聪明的孩子，一定不要让其他人知道你们是挑选出来的最优秀的老师，你们的学生也是被特意挑选出来的高智商的孩子。"

之后的一年里，这两位教师更加努力地教学。在学年考试中，这两个班级的学生成绩成为全校中最优秀的，将其他班级远远地抛在了后面。

接着，校长公开了一个令人惊讶的事实：这两位老师和他们的学生都不是被特意挑选出来的优秀者，而是随机选出的。

在这个实验中，校长撒了谎，所谓的"天才学生"和"最优秀的老师"其实都是平凡人。但是由于校长的权威性，以致所有人都相信了这个谎言。首先，两位教师相信了它，接着教师又在不知不觉中通过自己的语言和行为将期望传递给学生——"我期望你们是最优秀的"。这样，无论是教师还是学生，他们的自尊、自爱、自信、自强都被前所未有地激发起来，并且推动着他们去取得成就。

由此可见，利用"期望效应"来使他人按照自己的意图行事，是一个非常明智的方法。尤其是当你处于对方上级的地位的时候，对下属满怀期望，这种"降级拜托"的行为往往能在更大程度上激发起对方的干劲儿，使"期望效应"产生更大的影响。

绝大多数人都有过这样的经历：当自己的上级对自己说："我对你的将来抱有很大的期望"或者"我对你很有信心，你一定能将这份工作干好"的时候，心中就会产生一种无法形容的兴奋感，并下定决心，好好干，以免辜负了领导的期望。

值得注意的是，适度地对他人寄予期望是一件好事，但如果超过他人的能力范围期望过度的话，就会给对方造成沉重的心理负担，令人惶恐不安，进而产生反抗心理。

权威效应：引导对方的态度和行为

权威效应，又称为权威暗示效应，是指一个人要是地位高，有威信，受人敬重，那他所说的话及所做的事就容易引起别人重视，并让他们相信其正确性，即"人微言轻，人贵言重"。

每个人对身边的人或对社会都有一定的影响力，但影响力的大小各有不同。一般来说，权威人物容易对他人产生更大的影响。假如你的眼睛不适，到医院就诊。如果其他条件相同，有一位眼科专家和一位刚从医学院毕业的年轻大夫供你选择，你会选择哪个呢？相信你一定会选择专家。这些都说明，权威人物对我们的影响力要超出常人。

　　为什么有这种权威效应的存在呢？首先是由于人们有"安全心理"，即人们总认为权威人物往往是正确的楷模，服从他们会使自己具备安全感，增加不会出错的"保险系数"；其次是由于人们有"赞许心理"，即人们总认为权威人物的要求往往和社会规范相一致，按照权威人物的要求去做，会得到各方面的赞许和奖励。

　　被权威效应所引导，一个非常明显的例子就是美国的汽车。在美国，汽车是一种尤其能引起人们兴趣的地位标志。根据旧金山湾区进行的一项调查发现，拥有名车的人更能受到人们的尊重。而实验也证明，绿灯亮起来的时候，人们往往会根据停在前面的车是名车还是普通车型来确定是否以按喇叭的方式进行催促。如果是名车，排在后面的人往往愿意等得久一些，而如果是普通车，他们就会很快不耐烦了。坐在名车里面的人就一定是有地位的人吗？当然是未必，但是他的车是名车，所以在别人的眼里，他这个人的地位自然就被提升了。

　　另外一个例子就是牙膏广告。当追问看过广告的受众，广告中有哪些人物的时候，普遍都提到了医生。不错，医生的身份就是用来影响受众的，广告利用的就是人们对医生的专业性和权威性的认同。但是问题在于，广告中并没有明确告诉你穿

白大褂的就是医生，这是营销中对权威效应的绝妙应用，是基于对人们心理的深刻把握。

在企业中，领导也可利用"权威效应"去引导和改变下属的工作态度以及行为，这往往比命令的效果更好。因此，一个优秀的领导肯定是企业的权威，或者为企业培养了一个权威，然后利用权威暗示效应进行领导。当然，要树立权威就必须要先对权威有一个全面深层的理解，这样才能正确地树立权威，才能让权威保持得更加长久。

在生活中我们可以引入权威效应，引导对方的态度和行为。如果有人跟你的看法有冲突，你可以找到一个权威人物曾经说过的话或做过的事作为论据。相信，这个人就会认同你的。

巧妙利用好奇心来影响他人

众所周知，《哈里·波特》的孕育者J.K.罗琳女士因为这套书一跃成为全英国最富有的女人。根据此书拍摄的电影同样火爆，从《哈里·波特与魔法石》到《哈里·波特与混血王子》，

观众云集，魅力持续而不减，蝉联北美票房冠军。

当我们随波逐流地追捧《哈里·波特》的时候，是否考虑过，无论是书籍还是电影，它们为什么有如此大的影响力，竟然如此吸引着人们？难道是哈里·波特这一人物有着鲜为人知的魔力？

不知道你是否发现，J.K.罗琳在创作《哈里·波特》第1部时，就已经为后面的持续创作埋下了伏笔。各集环环相扣，矛盾迭起，险象环生，吸引着读者去猜测、幻想、推理故事的下一节。严格的保密工作更是营造了一种神秘氛围，使所有读者看完了一集就开始沉入下一集的期待之中。而驱使这一切顺理成章发生的，无非是我们的好奇心。

我们再来看看《哈里·波特》在营销前所制造的神秘。只要稍微关注下《哈里·波特》的相关报道，你就会发现，悬念成为推销"哈里·波特"最好的"魔法"。"哈里·波特的好朋友中究竟是谁死去了？他与谁谈恋爱了？校长那么厉害怎么还会死？"这一系列"吊胃口"的做法让出版商与发行商屡试不爽。在《哈里·波特》第5部的书展上，作者J.K.罗琳对一群年轻书迷幽默地说："他（哈里·波特）将在第7部里活着，但我不能说他在最后的结局中是否会长得大一点。"她拒绝向读者透露第7部的书名，给读者更多的想象与渴望。中国图书进出口公司上海分公司的徐先生曾指出："罗琳在写完前4部之后，整整停了两年才推出凤凰令，其实这是一个非常好的时机。""连续地强烈刺激读者之后，突然停顿两年，让这些读者在未产生厌恶之前，又获得充分积蓄阅读欲的时间，而今年，这种对续集的渴望已经达到了峰值，他们完全把握住了读者的心理。"看来，人们的好奇心给《哈里·波特》带来了无限的商机。

让他无条件地接受你说的一切

作为一个现代人，如果不懂得电话交谈的技巧，会直接影响人际关系的建立。而作为一个员工、领导，就更应该掌握电话交谈的技巧，从而有效地与人沟通，也给自己树立良好的个人形象。

一般而言，电话交谈的技巧主要有以下几点：

1. 说出对方公司的全名

电话处于传送信息状态，我们称为通话；而当通话途中，传入了第三者的声音时，则称之为私语。

例如："林小姐吗？请稍等，我帮你转给夏先生。""夏先生，林小姐的电话。"此时，夏先生如果大意，不管对方是否听得到自己的嗓门，就说："伤脑筋，你跟她说我不在。"这种话若被对方听到了，一定会很生气。

平常我们称呼别人时，都会在名字后面加上先生或小姐作为尊称。但对方如果是公司行号时，就常常省略而造成对方的不愉快。因此，无论对方是人或是公司，我们都应秉持尊敬的态度称呼他。不嫌麻烦地把对方公司的全名都说出来，才不至于让对方认为我们没有礼貌。

2. 音量适中

有活力的声音最美，与人电话交谈时更要保持活力和热情，否则你的声音会显得十分疲倦、颓丧和消极。

如果你打电话时声音变得愈来愈高，可以采用"铅笔法"：手握一支铅笔，举到距离你约25.4厘米的地方，然后对着它说话。如果感到你的声音在这个距离内显得过高，就把铅笔放在低于电话听筒，或与茶几同高的位置，并提醒自己降低音调，运用共鸣。

保持生动和关注，某些鸟类在它们对异性发生兴趣时，会改变身体颜色来传达爱意，萤火虫则是用闪动的荧光来表示它求偶时刻的到来。你是否想过你在电话中说的"喂"传递了什么样的信息？它很可能包容了你电话交谈中的全部基调，它能表现出你的情绪：可能是随意而松弛的，说明你正闲着；也可能是友好而活泼的，表面似乎是说："我很忙，不得不立刻挂掉电话。"其实可能非常粗鲁无礼，预示着接下来是一场暴风骤雨。

要让这声"喂"真正传递出你所希望传递的意思。有些人说这个字时，显得十分傲慢、冷淡，甚至带有敌意，其实他们自己并不知道会这样。因此，我们在电话中要特别注意"喂"的声调和感情。

　　当然，这需经长久的训练才能养成。我们常见有人一手握着电话听筒，一手按着计算机，或一面喝茶、抽烟，一面接电话，这些行为均需避免。虽然电话交谈彼此都看不见，仍需保持基本的礼貌。

第七章

用聪明的
方式沟通变化的世界

CONGMINGREN
SHI ZENYANG
GOUTONG DE

与上级沟通要有分寸感，快速博得领导认可

在不该说话的时候说话、不该做主的时候做主，是职场新人常犯的毛病。无论你帮老板管了多少事，也无论你的老板多糊涂，甚至依赖你到了你不在他连电话都不会打的程度，他毕竟还是你的老板，大事小情毕竟还得由他来做主。

有个杂志社给一个作家做了一期专访，等杂志出版以后，这个作家收到了一本，他想多要几本送给朋友，便打电话给这家杂志社主编。

主编不在，小张接了电话。"麻烦你转给一下主编，我希望多要几本这期杂志。""这个啊，没问题！您直接派人过来拿就成。"小张爽快地说。

作家正打算驱车去拿杂志时，却接到主编的电话："对不起！刚才我不在，杂志收到了吧？我刚才派人给您多送了几本过去。"停了一下，主编又说："可是，对不起，我想知道是哪位说您可以立刻过来拿。"

作家很奇怪，于是问道："有问题吗？""当然没问题，您要10本都可以，我只是想知道，是谁在自作主张。"既然是别人点

名找你的上司，作为下属就该转告，而不是替他做主。虽然只是一句话而已，但本来可以由上司做的人情，却被你无意挥霍了。想想看，像小张的行为，上司能不为此反感吗？领导就是领导，下属就是下属，不要自以为聪明，就可以自作主张，真正的好下属要懂得什么时候该说、什么时候该做。

你有没有常常向上司询问有关工作上的事，或者是自己的问题有没有跟他一起商量？如果没有，从今天起，你就应该改变方针，尽量详细地发问。下属向上司请教，并不可耻，而且是理所当然。有心的上司，都很希望他的下属来询问。下属来询问，表示他的眼里有上司，尊重上司，尊重上司的决定。另一方面也表示他在工作上有不明之处，而上司能够回答，才能减少错误，上司也才能够放心。

如果员工假装什么都懂，一切事都不想问，上司会觉得"这个人恐怕不会是真懂"而感到担心，也会对你是否会在重大问题上自作主张而产生担忧。在工作上，作重大问题的决策时，你不妨问问上司，"关于某件事，某个地方我不能擅自下结论，请您定夺一下"，或者"这件事依我看不这样做比较好，不知您认为应该如何"等。这样不管功过如何，都与你没多大关系。

其实，从客观来说，仅就工作而言，下属自作主张带来的后果，往往都不会是十分严重也并非全都是消极的。可以想象，哪有那么多员工笨到不知轻重的地步，敢于擅自替上司做出关乎单位整体利益的主张？除非他真的是个没有自知之明的人。然而，这种自作主张所带来的对职场上的等级及人际关系常态的冲击，往往是十分明显的。

在职场上，必须时刻牢记一条：上司永远是决策者和命令的下达者，无论我们有多大的把握相信自己的判断力，无论你代替上司决定的事情有多么小，都不能忽略上司同意这一关键步骤。否则，当上司意识到本应由自己拍板的事情，被下属越俎代庖，他所产生的心理上的排斥感和厌恶感，以及对于下属不懂规矩的气恼，足以毁掉你平时小心经营、积极努力所换来的赏识。所谓"一招不慎，满盘皆输"，莫过于此。

被同事悦纳的有效说话方式

能被同事悦纳的谈话方式有以下几种：

1.主动承认错误

主动承认自己的缺点，比让别人批评要心情舒畅。

如果你觉察到同事认为你有不妥之处，或是想指出你的不妥之处时，那么，你就要首先自己讲出来，主动承认自己的错误。相信他会宽宏大度，不计较你的过错，能原谅你。

所以，如果错了（这是在所难免的）就干脆认错，这种方法可产生意想不到的效果。

所以，当你要同事接受你的观点时，请遵循第这条准则：只要错了，就坚决承认。

2. 耐心倾听

大多数人为使他人接受自己的观点，总爱侃侃而谈，同事之间相处更是如此。应该给别人把话说完的机会，因为他对事情和自己的问题比你知道得更清楚，所以最好是向他提些问题，让他告诉你他认为什么是正确的。

不要因不赞同他的意见而打断他的话，请不要这么做。在他言之未尽的时候，他会对你置之不理，因此请静心听他把话说完并尽量加以理解。要真心实意地听，要鼓励他把话说完。

法国哲学家拉罗什弗科尔说："如果你想树敌，就设法超过自己的朋友；如果你要朋友，就请为你的朋友提供超过你的机会。"

我们应该谦虚，因为我们自己没有什么了不起的。我们都会死亡并在百年之后就被彻底忘却。如果总是想在别人面前夸耀自己微不足道的成绩，那生活就太没意思了。最好是让别人讲话。请仔细想一想，你有什么值得自我吹嘘的呢？

所以，你如果想要别人依照你的观点办事，请遵照这条准则去做：给他人多说话的机会，自己尽量少说。

3. 在争论中不抢占上风

十有九次的争吵结果是，每人都更加相信自己是正确的。

实际上在争吵中是没有胜利者的。即使你在争吵中占了上风，说到底你还是失败了。为什么呢？即使你是胜利者，那又怎么样呢？你将洋洋得意。但你的对手会怎样？你让他觉得低你一头，你伤了他的自尊心，他当然恼火。而被迫放弃自己观点的人从来都很难一改初衷。

佩恩·马尔特霍人寿保险公司为其代理人定下的规矩是：不许争吵。

说服某人并不意味着要同他争论。争吵不能改变别人的看法。

好好思考一下，你更想看到什么呢，是想得到表面的胜利还是人的认同？二者兼得的事是很罕见的。

在争论中你的意见可能是正确的。但要改变一个人的看法，你的努力大概会是徒劳的。威尔逊内阁财政部长威廉·马卡杜声称，在多年的政治活动中他悟出了一个道理，就是："任何一个论据也不会说服一个不学无术的人。"

仅仅是不学无术的人不能被说服吗？这样说未免太简单了些。根据经验我们确信，任何一个人，无论其修养程度如何，都很难通过争论来说服他。

拿破仑的侍卫长康斯坦经常和约瑟芬打台球。他在《拿破仑生平回忆》一书中写道："尽管我台球打得很好，但总是设法让她赢，以此博得她的欢心。"

我们应牢记这一点：在非原则争论中要给予同事取胜的机会。误会是不能靠争吵消除的，它只能靠接触、和解的愿望和理解对方的真诚心愿。

有一次，林肯批评了一个年轻军官，原因是他同自己的一个同事进行了激烈的争吵。林肯说："任何一个想要有所作为的人，都不应在和人争吵上浪费时间，这不是说他不应该允许自己发火和失去控制，而是说在重大问题上如果你感到你和对方都正确，那你就应该让步。在枝节问题上即使你明明知道对方不对，你也应该让步。给狗让路总比让它咬你一口要好，因为即使把狗打死，也不能马上治好你的伤。"

所以，当你与同事发生争论时，请懂得这条准则：在争论中取胜的唯一方法就是避免在争论中占上风。

与客户沟通了解内心诉求，轻松把东西卖给想卖的人

投其所好，是一种艺术、一种智慧，实际上更是一种沟通。它是寻求不同职位、不同行业、不同经历的买卖双方的利益共同点。

一位推销员奉命到印度去谈判一笔很难成交的军火生意。他事先和印度军界的一位将军通电话，但从来不提合同的事，只是说："我准备到加尔各答去，这次是专程到新德里拜访阁下，只见1分钟的面，就满足了。"那位将军勉强地答应了。

来到将军的办公室，将军先声明："我很忙，请勿多占时

间！"冷若冰霜的态度给人增加了极大的失望感。

推销员思索片刻，说出了一番令人意想不到的话："将军阁下！您好。"他说，"我衷心向您表示谢意，感谢您对敝公司采取如此强硬的态度。"

将军顿感莫名其妙，一时无言以对。

"因为您使我得到了一个十分幸运的机会，在我过生日的这一天，又回到了自己的出生地。"推销员不紧不慢地说道。

"先生，您出生在印度吗？"将军冷漠的脸上露出了一丝微笑。

"是的！"推销员打开了话匣子，"1929年的今天，我出生在贵国名城加尔各答。当时，我父亲是法国密歇尔公司驻印度的代表。印度人民是好客的，我们一家的生活得到了很好的照顾。"

接着，推销员又深情地谈起了他对童年生活的美好向往："我过4岁生日的时候，邻居的一位印度老大妈送给我一件可爱的小玩具，我和印度小朋友一起坐在象背上，度过了我一生中最幸福的一天……"

将军被他的一番情真意切的话语深深感动了，当即提出邀请说："您能在印度过生日太好了，今天我想请您共进午餐，表示对您生日的祝贺。"

汽车驶往饭店途中，推销员打开公文包，取出颜色已经泛黄的合影照片，双手捧着，恭恭敬敬地展放在将军面前。"将军阁下！您看这个人是谁？"

"这不是圣雄甘地吗？"将军吃惊地说道。

"是呀！您再仔细瞧瞧左边那个小孩，那就是我。4岁时，我和父母一道回国途中，曾经十分荣幸地和圣雄甘地同乘一条船，这张照片就是那次在船上拍的。我父亲一直把它当作最宝贵的礼物珍藏着。这次，我要拜谒圣雄甘地的陵墓。"

"我非常感谢您对圣雄甘地和印度人民的友好感情。"将军紧紧握住了推销员的手。

当推销员告别将军回到住处时，这桩生意已成交。

在经营、推销的活动中，既要知彼，又要知己，同时再加上巧妙地周旋、艺术地交谈、推销，说客户喜欢听的话，你就能赢得主顾心甘情愿的解囊，在生意场上做到游刃有余，纵横驰骋。

你对朋友知心，朋友也会对你知心

小敏是同宿舍中最擅长交际的一个，而且人也长得漂亮。但同宿舍甚至同班的其他女孩都找到了自己的男朋友，唯独漂亮、擅长交际的小敏仍是独自一人。

为什么呢？她身边的同学都表示，她太神秘，别人很难了解她。和她有过接触的男同学也说，刚开始和她交往时，感觉她是个活泼开朗的女孩，但时间一长，就发现她很自私。

原来，小敏一直对自己的私生活讳莫如深，也从不和别人谈论自己，每当别人问起时，她就把话题岔开，怪不得同学们都觉得她神秘呢！

生活中有一些人是相当封闭的，当对方向他们说出心事时，他们却总是对自己的事情闭口不谈。但这种人不一定都是内向的人，有的人话虽然不少，但是从不触及自己的私生活，不谈自己内心的感受。有些人社交能力很强，他们可以饶有兴趣地与你谈论国际时事、体育新闻、家长里短，可是从来不会表明自己的态度。而一旦你将话题引入略带私密性的问题时，他就会插科打诨转移话题。可见，一个健谈的人，也可能对自身的敏感问题有相当强的抵触心理。相反，有一些人虽不善言辞，却总希望能向对方祖露心声，反而能很快和别人拉近距离。

人之相识，贵在相知；人之相知，贵在知心。要想与别人成为知心朋友，就必须表露自己的真实感情和真实想法，向别人讲心里话，坦率地表白自己、陈述自己、推销自己，这就是自我暴露。

当自己处于明处，对方处于暗处时，你一定不会感到舒服。自己表露情感，对方却讳莫如深，不和你交心，你一定不会对他产生亲切感和信赖感。当一个人向你表白内心深处的感受时，你可以感到对方信任你，想和你达到情感的沟通，这就会一下子拉近你们的距离。

在生活中，有的人知心朋友比较多，虽然他（她）看起来不是很擅长社交。如果你仔细观察，会发现这样的人一般都有一个特点，就是为人真诚，渴望情感沟通。他们说的话也许不多，但都是真诚的。他们有困难的时候，总会有人来帮助，而且很慷慨。而有的人，虽然很擅长社交，甚至在交际场合中如鱼得水，但是他们却少有知心朋友。因为他们习惯于说场面话，做表面功夫，交朋友又多又快，感情却都不是很深。因为他们虽然说很多话，却很少暴露自己的真实感情。

实际上，人和人在情感上总会有相通之处。如果你愿意向对方适度袒露心扉，总会发现相互的共同之处，从而和对方建立某种感情的联系。向可以信任的人吐露秘密，有时会一下子赢得对方的心，赢得一生的友谊。

小鱼是某大学的研究生，刚入学不久，她就把同班同学给震惊了。一天早上，课间，坐在前排的她转过身和一位同学借笔记，还回来时笔记里竟然夹了一张男生的照片。于是小鱼打开了话匣子，跟后面的同学聊了起来，说那是她在火车上认识的新男友，正在热恋中。她从她和男友在哪儿租了房子、昨天买了什么菜、谁做的晚饭，说到她如何如何幸福，甚至说到二人世界里亲密的小细节。这样的事情有很多，而且她经常不分时间场合随便就跟别人讲自己的一些私事。到后来，同学们一见到她就躲开了，大家都受不了她了。

由上面的这个例子我们可以看出，在人际交往的过程中，自我暴露要有一个度，过度的自我暴露反而会惹人厌。

真正的亲密关系是建立得很慢的，它的建立要靠信任和与别人相处的不断体验。因而，你的"自我暴露"必须以逐步深入为基本原则。这样，你才会讨人喜欢，才能交到知心朋友。

与恋人初次交谈的成功秘诀

很多青年人在与异性初次交往时，往往由于缺乏准备，谈得不妙，"第一次"居然成了"最后一次"，造成了抱憾终生的后果。

"谈情说爱"，这4个字分明告诉你，欲获得"情"和"爱"，非得"谈"与"说"不可。第一次与她谈，称之为"初恋的交谈"，则更是一种艺术，非掌握技巧不可。它能使你在情窦的初萌中，把你丰富的思想、微妙的心声用妥帖的话语表达出来，去"接通"对方的脉搏，爆出初恋的火花，使爱情的烈火从此熊熊燃烧起来。这是一门复杂的学问，也是一个难题。这正如恋爱，没有固定的模式。这时仅就常见的几种形式的恋人进行探讨，希望能对更多的年轻男女有所帮助。

1. 同"一见钟情式"的恋人

伟大的俄国诗人普希金的代表作—诗体长篇小说《叶甫盖尼·奥涅金》中，女主人公达吉雅娜是个朴素热情、富于幻想、热爱自然的姑娘，她见到男主人公奥涅金后就立即爱上了他，并大胆地写信向他表白，诗中写道：

别人啊！……不，在世界上无论是谁

我的心也不交给他了！

这是神明注定的……

这是上天的意思：我是你的；

我的一生原就保证了

和你必定相会；

我知道，你是上帝派到我这里来的，

你是我的终身的保护者……

你在我的梦里出现过，

虽然看不见，你在我面前已经是亲爱的，

你奇异的目光使我苦恼，

你的声音在我的心灵里，

早已响着了……不，这不是梦！

你一进来，我立即就知道了，

完全昏乱了，羞红了，

就在心里说：这是他！

达吉雅娜见到奥涅金，真可谓是"一见钟情"。但我们这里所讲的"一见钟情"的爱恋，是指由爱恋的双方的直觉感官产生的，是由对方的形象、印象起决定作用的，如外貌、风度、言谈，等等，使男女双方的"钟情"往往产生于"一见"之际。

2. 同"友谊发展式"恋人

既然恋人是由友谊发展而来的，那么就比较难明确从哪一次开始不再作为朋友，而是作为恋人做第一次交谈的。在两位年轻人经历了漫长的友谊过程后，随着年龄、感情的增长，友谊出现了"飞跃"，产生了爱恋。我们把年轻人向他所爱的人表白爱情的言谈，作为同恋人的第一次交谈。

19 世纪法国著名的微生物学家路易·巴斯特，他表达爱情的方式是颇具特色的。巴斯特在法国斯特拉斯堡大学任教时，认识了校长洛朗的女儿玛丽小姐，在友谊持续了一段时间后，巴斯特深深地爱上了玛丽。于是，他分别给洛朗先生、洛朗太太、玛丽小姐写了信。除了表达真挚的爱情外，巴斯特在给洛朗先生的信中写道："我应该先把下面的事实告诉您，让您容易决定允许或拒绝。我的家境小康，没有太多的财产。我估计，我的家财不过 5 万法郎，而且我早已决定把我的一份送给我的姐妹们了。所以，我可以算是一个穷汉。我所拥有的只是健康、勇敢和对科学的热爱，然而，我不是为了地位而研究科学的人。"巴斯特的言语非常坦率，非常诚实，又带着炽热的情感，他终于得到了玛丽小姐的爱情。

马克思同燕妮的爱情更是脍炙人口，在全世界人民中传为美谈。马克思同燕妮从小青梅竹马，他向燕妮表示爱情，提出求婚时说：

"我已爱上一个人，决定向她求婚……"

此刻，一直深爱着马克思的燕妮心里急了，她问："你能告诉我，你所选择的恋人是谁？"

　　"可以。"马克思一面回答，一面将一个小方盒递给了燕妮，并接着说：

　　"在里边，等我离开后，你打开它，便会知道。"

　　马克思走后，燕妮怀着忐忑不安的心情，小心地打开小方盒，里边装的只是一面镜子，其他什么也没有。镜子里照出了燕妮自己美丽的容貌，燕妮顿时恍然大悟，幸福地笑了，被马克思所爱、所追求的正是她自己。

　　列宁同夫人克鲁普斯卡娅的"首次恋爱言谈"，似乎有着传奇的色彩。列宁自己风趣地说，是在伏尔加河畔认识克鲁普斯卡娅的，是在"吃第四张春饼时爱上她的"。由于列宁没日没夜地为革命工作忙碌，没有时间顾及个人的恋爱私事，他只能把爱情的种子深深地埋在心底。直到当列宁和克鲁普斯卡娅被捕后，在监狱里，列宁才用化学药水给克鲁普斯卡娅写信，倾诉了埋在心底的火热的爱情。此后，列宁被流放到西伯利亚，在流放生活中，他抑制不住相思的痛苦，才在给克鲁普斯卡娅的信中提出求婚。在信的末尾，列宁是这样写的："请你做我的妻子吧。"列宁坦率、真情的求婚，使克鲁普斯卡娅非常激动，她毫不犹豫勇敢地向寒冷的西伯利亚疾跑，与列宁生活、战斗在一起。

与孩子有效沟通的秘诀

现在很多父母都感觉跟孩子讲道理是非常难的一件事。父母说得天花乱坠，孩子却这耳朵进，那耳朵出，一不留神，孩子还逮着个错反诘父母半天。有些父母能与孩子说得眉飞色舞、热火朝天，有些父母却很少与孩子讨论什么。他们与孩子说话，往往说上个三五句，孩子不耐烦，父母也没词了。为什么父母和孩子发生沟通危机呢？又怎样和孩子沟通呢？

"沟通"一词，《中文大辞典》的解释是："穿沟通达也；疏通意见，使之融洽。"用时下的语言，就是寻求事情的"共同处"，找出事物的"平衡点"，画出事物的"交集"，其过程是"疏通"，其结果是"融洽"。作为孩子的第一老师，和谐地与孩子沟通至关重要。

1. 了解是沟通的前提

孩子与家长出现沟通危机，不怪孩子，主要还是家长造成的，为什么孩子懂的家长不懂？为什么孩子关心的事，家长就不关心呢？这是因为我们不了解孩子，不知道孩子想什么，关注什么和需要什么。没有进入孩子的内心世界，又谈何沟通呢？

此外，当我们和孩子沟通时，还要了解孩子当时的情绪状况。孩子和大人一样，情绪好时比较容易接受不同的意见，不高兴时则容易发拗，因而跟孩子讲理，要充分了解孩子的情绪状况，在其情绪较好时，对其进行教育，若在孩子情绪低落时跟他说理，是不会奏效的。

2. 平等是沟通的关键

为人父母者往往仗着"闻道"早于孩童辈，就不知、不愿、不肯、不屑去认同孩子，就以成人的眼光、成人的标准去"箍"、去"套"、去约束孩子的小脑袋、小世界。他们总是难以忘记自己"教育者"的角色，以至于和孩子沟通时总是难以保持平等，"你要""你应该""你不能"等词语常常挂在嘴边，孩子自然渐渐失去了与家长沟通的愿望。

因此在和孩子沟通时，要讲究技巧，和孩子平等沟通。我们是与孩子谈话而不是训话，如果总是板着面孔，居高临下，就很难和孩子交知心朋友，孩子不是不愿谈，就是说假话。这就要求家长和孩子谈话时，要以孩子的心态和孩子能理解的语言进行，要蹲下身来和孩子沟通，让孩子觉得你是他的朋友和伙伴，这样沟通才会水到渠成。

3. 倾听是沟通的良方

现在许多孩子都有了一定的主见，已经不愿意再当被训导的角色，他们思想活跃，希望有个细诉衷肠的对象。这时的家长应该改变原来的教育方法，努力创造一种"聆听的气氛"。最好的办法是家长经常抽空陪伴孩子，并且当一个好听众。

只有倾听孩子的心里话，才能更好地与孩子沟通。孩子向你诉说高兴的事，你应该表示共鸣，如孩子告诉你他在学校得到了老师的表扬，你可以称赞说："噢，真棒，下次你会做得更好！"孩子向你诉说不高兴的事，你应该让他尽情地宣泄，并表示同情，如当孩子告诉你小朋友推了他一把，他非常气愤时，你可以说："你很生气甚至想打他，是吗？但你不能这样做，你可以告诉老师，请求老师的帮助。"当孩子向你诉说你不感兴趣的话题，你应该耐着性子听，表示你关注他的谈话内容，你可以使用"嗯""噢""是吗""后来呢"等词语，表示你在认真地倾听，鼓励孩子继续说下去。这样，不仅使孩子更乐意向你倾诉，也可以提高他的语言表达能力。听和说总是联系在一起的，要掌握与孩子交谈的艺术，就要耐心地当好孩子的听众，在孩子漫无边际的讲述中，父母可以了解他的真实想法，在他针对某件事的辩解中，可以发现事情的真正原因，便于说服教育。所以，和孩子交谈时，父母不要只注重自己怎样说，更要注重怎样听孩子说。

4. 信任是沟通的基石

和所有的友谊一样，两代人的沟通也要讲一个"信"字。说话算数说起来简单，真正做到并不容易。儿童心理医生林达曾经举过这样的例子：一位妈妈因为 6 岁的女儿不愿与她沟通，便领着女儿去进行心理咨询，结果发现原因是妈妈将女儿告诉她的"秘密"，在晚饭时不经意地告诉了家庭其他成员，结果哥哥姐姐们以此来取笑她，从此她再也不肯对妈妈说什么了。可见，孩子和家长之间的相互信任是非常重要的。

你若不能相信孩子，孩子又凭什么信任你，相信你是真心帮助他的？你若得不到孩子的信任，又怎能跟孩子沟通？

5. 赏识是沟通的最好添加剂

古语云："数子十过，不如奖子一长。"跟孩子讲道理，应充分肯定孩子的长处，对孩子的进步给予及时的表扬和鼓励，在此基础上再对孩子的过错予以纠正，这样孩子就容易接受大人的意见。如果一味地数落孩子，责怪孩子这也不是那也不对，只会让孩子产生自卑心理和逆反心理。

恰到好处的赞美是父母与孩子沟通的兴奋剂、润滑剂。家长对孩子每时每刻的了解、欣赏、赞美、鼓励会增强孩子的自尊、自信。我们要切记：赞美鼓励使孩子进步，批评指责使孩子落后。

沟通是一门学问，一位教育家说得好："父母教育孩子的最基本形式，就是与孩子沟通。我深信世界上最好的教育，是在和孩子的沟通中实现的。"让我们每位家长在沟通这门学问面前做一回小学生，真正成为孩子亲密无间的知心朋友！

说服父母有妙招

许多子女都说与父母有代沟。的确，父母因为年龄的原因，与社会有些脱节。而因为缺乏交流的艺术，双方经常产生摩擦。家庭中父母与子女间的摩擦，许多是两代人之间的思想分歧，解决起来不大容易。而偏偏长辈大多固执，后辈又执拗，他们觉得自己正确的时候，往往靠争辩解决问题，这就更加激化了矛盾。

在这种情况下，如何说服父母，就需要一定的技巧。说服父母是一种特殊的交流和沟通过程。

1. 利用类比讲明道理

在说服过程中，可以巧妙地把父母的经历和自己目前的状况类比，以求得他们的理解，使他们没有反对的理由。

比如，有一位大学毕业生想到南方闯一闯，家长不同意，他这样找理由说服父亲："爸，我常听你说，你16岁就离家到外地上学，自己找工作，独自奋斗到今天！我现在比你当时还大两岁呢，我是受你的影响才这样决定的，我想你会理解和支持我的。"

这样一来，儿子成功地说服了父亲，父亲无法再坚持自己的意见了。

一般情况下，做父母的都有自己认为辉煌的过去，他们免不了以这些资本教育子女。对于已成年的子女，如果要干一番事业但受到父母的阻挠时，就可以拿他们的经历作为论据，进行类比，这样有很强的说服力。

2. 献殷勤，套近乎

献殷勤，不是虚情假意，而是要实实在在地孝敬父母。虽然父母有许多缺点，可做儿女的应该真心实意地爱他们，关心他们的冷暖和健康，为他们分忧解愁。有了这个心理，你就会有许多"献殷勤"的办法，也会有诚恳、礼貌、亲切的态度，自然而然就会说得顺耳，讲得动听了。

需要提醒的是，当父母问你什么事情时，这是送上门的"献殷勤"的好机会，你一定要耐心、认真地正面回答或解释，这样一定会换得父母更多的怜爱。长辈总想更多地了解晚辈的生活，你只要耐心地陪着他们就足够了。

人与人之间应该互相尊重，子女对父母更应该如此。而这种尊重，很重要的一个方面就是经常向老人请教和商量问题。除了那些自己能够预料到的肯定与父母的观点存在明显分歧，而又必须坚持己见的问题之外，其他的事情，则应该经常及时地与父母商量，听听他们的意见，这无疑是有好处的。即使清楚地知道自己与父母的观点绝对一致，也不妨走走过场，以求得意见一致时所带来的愉快心情。

3. 以父母的期望作为自己的旗帜

父母对子女的未来都寄予厚望，望子成龙是他们梦寐以求的，而且在日常生活中，父母常常教导子女要敢闯敢干，将来要做一个有作为、有成就的人。

在说服他们时，只要你提出的意见与他们的目标一致，就可以抓住这面旗帜，作为有力的武器，为己所用。

有一位刚毕业的年轻人在一家公司找到一份工作，而父亲不同意儿子的选择，正在托人给他联系某国家机关。这个年轻人说："这个公司我了解过了，很有前途，生产的是高科技产品，和我学的专业很对口。再说，国家机关好是好，可是人才济济，我到那里要想干出一番事业，恐怕机会不多。可是，在这个公司就不同了，我去那里，总经理要我马上把技术工作抓起来，这是多好的机会。我从小就依靠你们，没有主见，我现在长大了，觉得你说得对，这个决定就是我自己独立思考定下的。我想你一定会支持我的。"

听到这里，父亲还能说什么呢？

一般说来，父母很注意自身的尊严，对过去说过的话不会轻易失信，而且会及时兑现。所以，在说服他们时，就可以适当利用这种心理，用他们的话作为自己的旗帜，很容易就会成功。

4. 发挥坚决的态度的震撼力

子女在说服父母时要表明自己的坚决态度，让他们明白自己的选择是慎重的，是下了决心的，不管遇到什么情况都不会动摇，即使决定错了，也准备独自承担责任，决不后悔。

这种坚决的态度具有柔中寓刚的作用，对于父母有强烈的震撼力。父母从中可以看到子女的主见和责任感，就不会硬顶着把事情搞僵，反而还会顺水推舟，同意子女的意见。

一位女孩的父母不同意女儿和那个男孩谈恋爱，她对父母说："在这件事情上我决心已定，希望你们能理解女儿的心思。以后吃苦受累我也心甘情愿。如果你们硬不同意，那也没有办法，就当没有生我这个不孝的女儿吧。不过，我是多么希望你们能理解和支持我呀！那样，我会感谢你们的。"

话说到了这里，父母还能说什么呢？他们并不想失去女儿，既然女儿已经铁了心，为什么还要苦苦相逼呢？这个事例中，女儿的决心起了重要作用。

最后，需要指出的是，如果自己的意见不正确，甚至完全错误，那就不是说服父母的问题，而是应该愉快地放弃自己的意见，采纳他们的意见。当然，这同样也需要勇敢和理智。

理智化解夫妻间的争吵

夫妻唇齿相依，就免不了唇齿相碰。因而，对于这对矛盾体，夫妻之间发生争吵，实属正常。

俗话说："夫妻没有隔夜仇，床头吵架床尾和。"争吵虽会在平静的生活中激起波澜，但是往往事情过后双方会加深了解和体谅，乃至回味无穷。但是，这种化解艺术并非人人都能掌握，弄不好还会导致家庭破裂。既然有些架非吵不可，那么我们还是要试着学会去化解，至少要把其中的冲突减少到最低限度。

（1）与对方发生争执时，要控制自己的情绪，说一些宽慰、幽默的话来缓和气氛。

（2）夫妻之间发生矛盾时，千万不要用尖酸、刻薄、讽刺的话去伤害对方，否则自己痛快了，对方却好几天缓不过来。

（3）当遭遇爱人的无礼时，要豁达大度，做一个理智的让步，这不仅对自己有好处，而且能避免把事态弄得很僵。

（4）发生矛盾时，要保持冷静的头脑，将心比心、设身处地地为对方设想，话要说到点子上，这样，才能使爱人消气，言归于好。

（5）夫妻吵架是两个人的事，切忌把外人牵扯进来。吵架后，也不要轻易断绝"外交"关系。

与陌生人说话，打破僵局的种种技巧

初次与人交谈，往往因为不熟悉，不了解而出现冷场，这是比较令人难堪的局面。在人际关系中，冷场无疑是一种"冰块"。打破冷场的技巧，就是及时融化"冰块"，消除交往的障碍。

陌生人之间存在以下几种情况时，最容易因"话不投机"而出现冷场。

（1）彼此不大熟悉；

（2）年龄、职业、身份、地位差异大；

（3）心境差异大；

（4）兴趣、爱好差异大；

（5）性格、素质差异大；

（6）平时意见不合，感情不和；

（7）互相之间有利害冲突；

（8）异性相处，尤其单独相处时；

（9）因长期不交往而比较疏远；

（10）性格均为内向者。

对于可能出现的冷场，应该具备一定的预见性，并采取措施加以预防，否则陷入冷场的谈话会令双方都很尴尬。

下面几种方法可供借鉴：

1. 针对对方的兴趣谈

老人最感兴趣的话题是关于他们自己年轻时候的经历；青年人关注怎样才能使自己的才能得以发挥，以及他们的工作、学习、业余生活；年轻妈妈最感兴趣的莫过于她们的孩子。

2. 故意抛出错误观点

有时装作不懂的样子，往往可以听取他人更多的意见，让他人的自炫心理得以满足。反之，如果你表现得太聪明，人家即使要讲，也有顾忌，怕比不上你。如果我们用"请教"的语气说话，引起对方的优越感，就会引出滔滔话语。喜欢教人，而不喜欢受教于人，这是种普遍心理。

3. 打破自己造成的沉默

如果是自己太清高、架子大，使人敬而远之，而造成了双方的沉默，在交谈中应该主动些、客气些、随和些。

如果是自己太自负，盛气凌人，使对方反感，而造成了沉默，则要注意谦虚，多想想自己的弱点，适当褒扬对方的优点。

如果是自己口若悬河，讲起话来漫无边际，无休无止，而导致了对方的沉默，则要注意使自己的讲话适可而止，给对方说话的机会，不要让人觉得你在进行单方面的"传教"。

4. 鼓励对方讲话

为了鼓励对方讲话，你可以经常变换使用一些表示赞同的词语，让对方把话讲完，把心中的想法倾吐出来。当对方受到鼓励并获得赞同意见时，他会感到自己受到了重视。创造一种信任的气氛，这种气氛有助于对方主动说话。

5. 消除隔阂和陌生

如果你和对方过去曾发生过摩擦或存在隔阂，造成了现在见面无话可谈的情形，那么你就应该放宽心胸，把过去的隔阂抛在脑后，仿佛什么也没发生过似的。

你的宽容和热情难道打动不了他吗？

如果因为彼此不了解，不知谈什么得体，那么你就应该主动作自我介绍，并把话题扩展到尽可能广泛的领域，从中发现双方共同感兴趣的内容。

如果你们刚刚发生了争论而出现了沉默，那么，你就应该冷静下来，心平气和地谈些双方无分歧的话题。

冷场的出现，跟你选择的"话题"密切相关。"曲高和寡"会导致冷场，"淡而无味"同样会引起冷场。打破冷场当然没有固定的模式，交谈者应根据具体的时间、地点和对方的心理特点，以及造成冷场的原因，而采取不同的方法和对策。